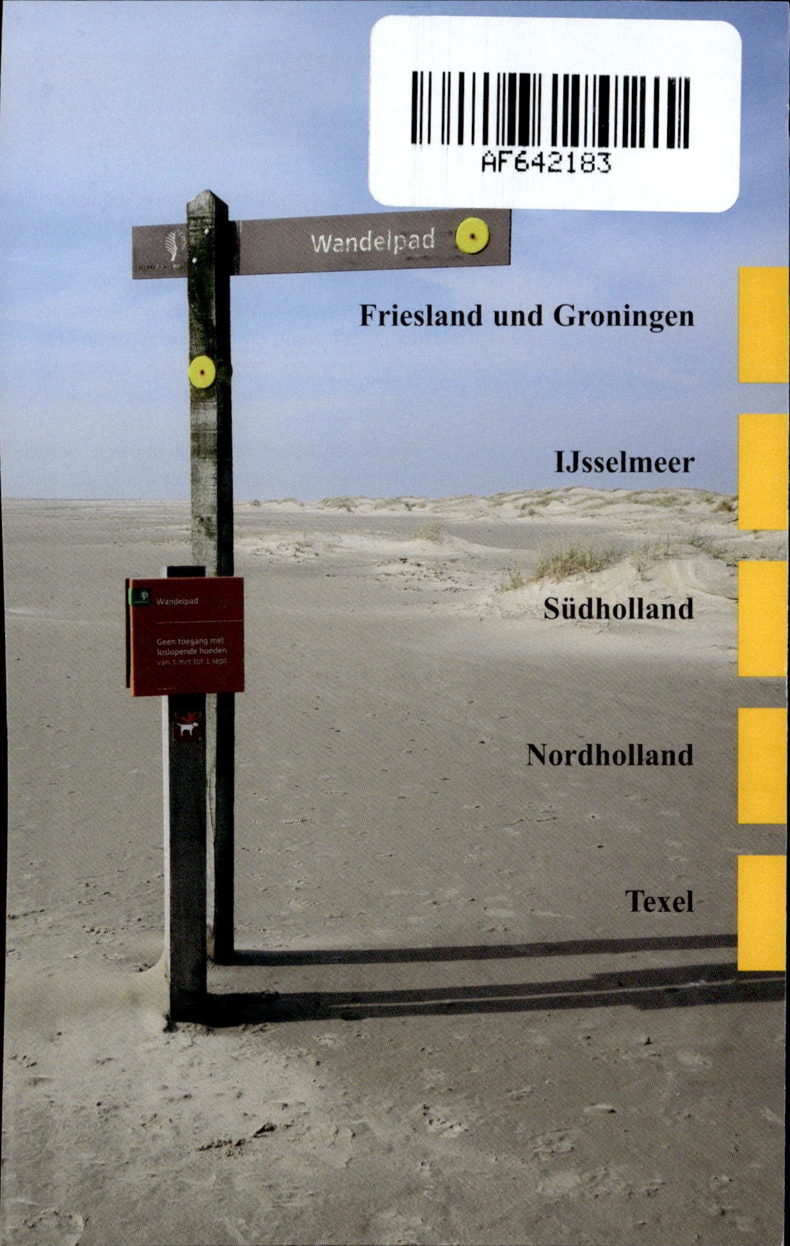

Friesland und Groningen

IJsselmeer

Südholland

Nordholland

Texel

Niederländische Küste

Die Autoren und der Verlag sind für Lesertipps und Verbesserungen (besonders per E-Mail) unter Angabe der Auflagen- und Seitennummer dankbar.

Dieses OutdoorHandbuch hat 159 Seiten mit 58 farbigen Abbildungen, 28 farbigen Kartenskizzen im Maßstab 1:25.000/50.000 und einer farbigen, ausklappbaren Übersichtskarte. Es wurde auf chlorfrei gebleichtem Papier gedruckt, in Deutschland klimaneutral hergestellt und transportiert und wegen der größeren Strapazierfähigkeit mit PUR-Kleber gebunden.

klimaneutral
natureOffice.com | DE-077-151104
gedruckt

Dieses Buch ist im Buchhandel und in Outdoor-Läden erhältlich und kann im Internet oder direkt beim Verlag bestellt werden.

OutdoorHandbuch aus der Reihe „Regional", Band 394

ISBN 978-3-86686-518-1 1. Auflage 2017

Text und Fotos: Wolfgang und Idhuna Barelds
Karten und Layout: Manuela Dastig
Lektorat: Amrei Risse

Gesamtherstellung: Werbedruck GmbH Horst Schreckhase

Dieses OutdoorHandbuch wurde konzipiert und redaktionell erstellt vom:

Conrad Stein Verlag GmbH, Kiefernstr. 6, 59514 Welver,
☎ 023 84/96 39 12, FAX 023 84/96 39 13,
info@conrad-stein-verlag.de,
www.conrad-stein-verlag.de

Besuchen Sie uns bei Facebook & Instagram:

www.facebook.com/outdoorverlag

www.instagram.com/outdoorverlag

Titelfoto: Strand und Dünen auf Texel

Inhalt

Wandern an der niederländischen Küste 7

Reise-Infos 8

Anreise 8
Standort und Unterkünfte 9
Verkehrsmittel 9
Telefon 10
Wanderinfrastruktur 11
Klima und Reisezeit 12
Karten, GPS und Literatur 13
Updates 15

Friesland und Groningen 16

1 Wanderung an der friesischen IJsselmeerküste Stavoren (11,2 km) 17
→ *Tour für Landschafts- und Naturgenießer*

2 Rundwanderung bei Lauwersoog (6,1 km) 23
↻ *Tour für Naturfreunde*

IJsselmeer 28

3 Rundwanderung bei Almere-Oostvaardersplassen (8,3 km) 29
↻ *Tour für Wanderer, die an Natur und moderner Stadtplanung interessiert sind*

4 Rundwanderung durch Amsterdam (8,7 km) 34
↻ *Stadtrundgang für Kulturfreunde*

5 Rundwanderung bei Holysloot in Waterland (5,8 km) 41
↻ *Tour für Naturfreunde*

6 Rundwanderung bei Broek in Waterland (7,6 km) 45
↻ *Tour für Naturfreunde*

7 Rundwanderung am Naardermeer (18,7 km) 50
↻ *Tour für Naturfreunde*

8 Rundwanderung in/bei Medemblik (7,5 km) 58
↻ *Tour für Wasser- und Kulturfreunde*

9 Rundwanderung in/bei Enkhuizen (7,1 km) 63
↻ *Tour für Kulturfreunde*

Südholland 69

⑩ Wanderung an der alten Maasmündung südl. von Rotterdam (10,1 km) 70
→ *Tour für Naturfreunde*

⑪ Rundwanderung durch Rotterdam (13,4 km) 76
↻ *Tour für Kulturfreunde*

⑫ Kurze Rundwanderung im Delftland bei Maassluis (6 km) 84
↻ *Kammwanderung für Landschaftsgenießer und historisch Interessierte*

⑬ Rundwanderung an der Maasmündung bei Hoek van Holland (6,1 km) 87
↻ *Kurze Wanderung für Landschaftsgenießer*

⑭ Dünen- und Parkwanderung von Scheveningen nach Den Haag (15,7 km) 92
→ *Strand- und Stadtwanderung für Natur- und Kulturinteressierte*

⑮ Rundwanderung bei Katwijk (8,1 km) 99
↻ *Wanderung für Landschaftsgenießer und historisch Interessierte*

Nordholland 104

⑯ Rundwanderung durch die Amsterdamse Waterleidingduinen (11 km) 105
↻ *Kammwanderung für Landschaftsgenießer*

⑰ Rundwanderung durch die Kennemerduinen (8,5 km) 110
↻ *Dünenwanderung für Landschaftsgenießer*

⑱ Rundwanderung durch das Noordhollandse Duinreservaat (16,9 km) 116
↻ *Tour für Naturfreunde*

⑲ Durch die höchsten Dünen Hollands (14,9 km) 124
↻ *Kammwanderung für Landschaftsgenießer*

⑳ Rundwanderung bei Den Helder (12,4 km) 131
↻ *Tour für Landschaftsgenießer*

Texel 136

Texel – „Top Ten"-Insel als Wanderparadies 137

21 Rundwanderung in den Dünen bei De Bollekamer (8,1 km) 138
Tour für Landschaftsgenießer und historisch Interessierte

22 Rundwanderung in den Dünen beim Ecomare (8,5 km) 142
Tour für Landschaftsgenießer und Naturfreunde

23 Rundwanderung bei De Slufter (10,9 km) 146
Tour für Landschaftsgenießer und Naturfreunde

24 Rundwanderung im Norden (8,2 km) 150
Tour für Landschaftsgenießer

25 Rundwanderung zwischen Den Burg und Hoge Berg (12 km) 154
Tour für Landschaftsgenießer, Geschichtsfans und Gipfelstürmer

Wandern an der niederländischen Küste

Outdoorsport in den Niederlanden – da denken die meisten erst einmal an Segeln, Surfen und natürlich Radfahren, aber an und nahe der niederländischen Küste sind auch schöne Wanderungen möglich, natürlich keine alpinen. Die meisten hier ausgesuchten Touren sind Rundwanderungen zwischen 5 und 15 km Länge, die durch Dünen, Wälder und über Wiesen führen, wobei der Asphaltanteil mit Ausnahme der Stadtrundgänge möglichst klein gehalten wurde.

Wasser ist das dominierende Element: Alle Wanderungen führen (groß)teils entlang der Nordsee- und IJsselmeerküste, aber auch entlang von Flüssen, Kanälen, Seen oder kleinen Wassergräben.

Nach der Einleitung und Reise-Infos für die Region werden 25 Tageswanderungen beschrieben, mal mit dem Schwerpunkt Kultur, mal mit dem Fokus auf der Natur, mal als Rund-, mal als Streckenwanderung. Geografischer Schwerpunkt sind die „Zentren" der Niederlande: die beiden Provinzen Süd- und Nordholland, wo auch die meisten Deutschen urlauben. Von allen niederländischen Inseln ist Texel bei Deutschen die Nr. 1 und wurde im Jahr 2016 von Lonely Planet zu den Top-Ten-Reisezielen auserkoren. Daher ist dieser Insel mit fünf Wanderungen ein eigenes Kapitel gewidmet.

Natürlich sind viele weitere Wanderungen möglich, etliche Abkürzungen und Verlängerungen sind zudem bei den einzelnen Touren beschrieben. Vor jeder Wanderung finden Sie wichtige Infos zur Tourenplanung und den Transfers.

Wie bei der Reihe „Outdoor Regional" üblich gibt es außerdem bei jeder Tour Hinweise, inwieweit die Wanderungen für Familien bzw. Kinder sowie für Hunde geeignet sind. Für alle Wanderungen stehen GPS-Daten mit Tracks und Wegpunkten auf der Verlagshomepage zur Verfügung.

Die Autoren freuen sich über Rückmeldungen von Lesern an den Verlag, der auf seiner Website Updates und GPS-Daten zum Buch bzw. den Touren bereitstellt.

Zum Schluss noch ein Dank an den Tourismusverband von Texel für die Unterstützung bei der Recherche.

Reise-Infos

Anreise

Die Niederlande sind sowohl per Auto als auch mit öffentlichen Verkehrsmitteln in wenigen Stunden von Deutschland aus erreichbar:

Bei der Anreise mit dem Auto sollten die staugefährdeten Engpässe bei Amersfoort, Utrecht und im Großraum Amsterdam-Rotterdam beachtet werden. Die Höchstgeschwindigkeit für Autofahrer liegt auf Autobahnen bei 120 km/h (teilweise auch 130 km/h), auf Landstraßen bei 80 km/h. Eine Autobahngebühr gibt es nicht.

Von Deutschland aus bieten mehrere Fernbuslinien günstig Fahrten in die niederländischen Metropolen an, v. a. nach Amsterdam und Rotterdam (ab etwa € 20).

- Flixbus: www.flixbus.de (Website noch im Experimentierstadium: 2017 wurden etwa Kampen auf Sylt und am IJsselmeer miteinander verwechselt ...)
- Eurolines: www.eurolines.de

Angenehm ist die Anreise mit der Bahn. Im Fernverkehr lassen sich Fahrkarten als „Sparpreis Europa“ oft günstig im Voraus buchen (ab € 19, frühestens 6 Monate vor Reise), im Nahverkehr sind die meisten Fahrkarten über die regionalen Verkehrsverbünde erhältlich. Die Bahnstrecken von Deutschland in die nördlichen Niederlande im Überblick:

- ICE vom Ruhrgebiet via Arnheim nach Amsterdam
- EC von Berlin via Osnabrück und Deventer nach Amsterdam
- Nahverkehr: Kaldenkirchen–Venlo (RE 13 Eurobahn), Emmerich–Arnhem (RE 19 Abellio), Münster–Enschede (RB 64 Euregio-Bahn), Leer–Groningen (Arriva)

www.bahn.de

Von/nach Amsterdam gibt es von vielen deutschen Flughäfen Angebote, auch von Billigfliegern. Aus Zeitgründen lohnen sich diese aber nur, wenn man weiter entfernt von der niederländischen Grenze wohnt, von der schlechten Ökobilanz ganz zu schweigen ...

Bei allen öffentlichen Verkehrsmitteln gilt: Je früher die Buchung, desto günstiger der Fahrpreis.

Standort und Unterkünfte

Für die meisten der hier beschriebenen Wanderungen bieten sich die Provinz Nordholland bzw. der Großraum Amsterdam als Ausgangspunkt an, von wo aus fast alle Wanderungen recht gut erreicht werden können – inklusive der Insel Texel. Hotels sind in den Niederlanden relativ teuer, als Alternative bieten sich private Unterkünfte an, die in Städten dank des Internets in großer Zahl angeboten werden: www.airbnb.nl.

Camper finden eine große Auswahl an Campingplätzen, von großen an der Küste bis hin zu kleinen im Landesinneren:

- www.camping.info/niederlande, ausführliche Campingplatzsuche
- www.natuurkampeerterreinen.nl, kleinere Campingplätze in natürlicher Umgebung

Verkehrsmittel

Das Verkehrsnetz in den Niederlanden ist ausgesprochen dicht.

Fernzüge verkehren mehrmals stündlich. Ab Ende 2017 soll auf einigen Strecken das *spoorboekloze rijden* eingeführt werden, d. h., die Züge verkehren ständig (mindestens sechsmal pro Stunde), sodass kein Fahrplan mehr konsultiert werden muss.

Busse und Bahnen sind gut aufeinander abgestimmt und bezahlt wird mit der *OV-chipkaart* (☞ Infokasten) oder speziellen Tickets für Regionen bzw. Verkehrsverbünde (☞ Infos bei den jeweiligen Touren). Folgende Websites bzw. Apps bieten Infos über den gesamten öffentlichen Verkehr:

- www.ns.nl (niederländische Bahn)
- www.9292.nl

OV-chipkaart – gute Idee, aber nicht für Ausländer

Eine tolle Sache (für Niederländer) ist die *OV-chipkaart* (OV für *openbaar vervoer*, also öffentlichen Verkehr). Mit dieser aufladbaren Karte lassen sich alle öffentlichen Verkehrsmittel nutzen: Bahnen, Busse, Fähren, Trams etc. Man muss beim Ein- und Aussteigen die Karte vor ein Lesegerät halten und der entsprechende Fahrpreis wird abgebucht. Bei jedem Umsteigen in verschiedene

Verkehrsmittel bzw. solche von verschiedenen Firmen muss wieder neu ein- und ausgecheckt werden – bei wenig Umsteigezeit kann man dadurch schon mal seinen Anschluss verpassen …

Mit der (übrigens nicht ganz reibungslosen) Einführung der *OV-chipkaart* ist man allerdings über das Ziel hinausgeschossen und hat wichtige Zielgruppen vergessen: Wenigfahrer sowie ausländische Touristen. Denn die *OV-chipkaart* verfällt nach 4 bis 5 Jahren und kostet – ohne Guthaben – bereits € 7,50. Für Touristen lohnt sich die Karte daher oft nicht. Glücklicherweise bieten viele Verkehrsmittel bzw. Regionen auch andere Fahrkarten an – genannt bei den jeweiligen Touren.

Im Zusammenhang mit der Einführung der *OV-chipkaart* wurden an vielen (größeren) Bahnhöfen Schleusen eingerichtet, die sich nur mit den OV-Karten und anderen (in der Regel auch deutschen) Fahrkarten öffnen lassen.

P Parken

Parken ist in den dicht bevölkerten Niederlanden oft eine teure Angelegenheit, vor allem in Städten. Parkgebühren von bis zu € 5 die Stunde und € 20 am Tag sind durchaus üblich. Während in (größeren) Städten sowie im Sommer in Strandnähe fast immer eine Parkgebühr verlangt wird (oft nur Kartenzahlung!), ist es außerhalb der Ortschaften sowie an den großen Parkplätzen in Strandnähe zumindest in der Nebensaison meistens gratis. Ausführliche Infos zu den Parkmöglichkeiten finden Sie jeweils bei den Infos zu jeder Wanderung.

Telefon

Die internationale Vorwahl der Niederlande ist 00 31, weiter geht es mit der Handynummer oder der Ortsnetzzahl ohne 0.

Von den Niederlanden nach Deutschland wählt man 00 49, weiter geht es mit der Handynummer oder Ortsnetzzahl ebenfalls ohne 0, z. B. 00 49-41 21…

Die Handykosten für das Roaming im Ausland dürfen nach europäischem Recht seit Juni 2017 nicht teurer sein als das Telefonieren oder Datenpakete im Inland, wobei einige Bedingungen erfüllt werden müssen (z. B. überwiegender Gebrauch des Handys im Inland).

Wanderinfrastruktur

Große Teile der Niederlande sind nach dem Vorbild der *fietsknooppunten* (Radwegenetz) mit einem Netz von Wanderwegen durchzogen, dem *wandelnetwerk*.

Die Idee dahinter: Durch die sich kreuzenden Wege sind viele verschiedene Touren möglich und die Orientierung fällt leicht, weil die Kreuzungspunkte (*knooppunten*) mit jeweils einer Nummer versehen sind, für die es Wegweiser gibt. Dieses System ist in der Theorie gut, in der Praxis zeigen sich aber folgende Mankos:

- ▷ Ohne Karten (die man sich vorher kauft oder die in der Landschaft stehen) sind die Zahlen kein Hilfsmittel, denn woher soll man wissen, wo welcher Punkt (bzw. welche Nummer) ist?
- ▷ Das Netz von Wanderwegen existiert nur auf dem Papier. Die meisten der offiziell als „Wanderwege“ ausgezeichneten Wege sind Radwege und kleine Straße mit oft gerader Linienführung, auf denen das Wandern häufig etwas monoton ist. Richtig schöne Wege im Sinne von Pfaden und Wegschleifen sind eher selten und nur punktuell vorhanden, diese wurden bevorzugt für dieses Buch ausgewählt.

Websites zum Wandern in den Niederlanden (alle nur auf Niederländisch):

- www.wandelnetwerknoordholland.nl, Routenplaner zum Wandern in Nord-Holland
- www.wandelroutenetwerk.nl, Routenplaner zum Wandern in Nord- und Südholland
- www.wandelnet.nl, Routenplaner zum Wandern in den Niederlanden mit mehr als 10.000 km Wanderwegen
- www.wandelzoekpagina.nl, Suchmaschine für Wanderungen in den Niederlanden, auch thematische, darunter die beliebten (Bahn-)Wanderungen der „Nederlandse Spoorwegen“ (*NS-wandeling*)

Wandern mit Buggy und Hund

Viele Wege lassen sich auch mit **Buggy** begehen. Es gibt aber öfter Teilstücke, etwa über Gras und Strand bzw. Sand, wo das Schieben des Buggys recht mühsam ist. In vielen Fällen ist dann ein Umweg möglich, etwa über Radwege. Insofern steht eine Buggy-Eignung (einfacher, eher asphaltierter Belag) oft im Widerspruch zu Wünschen von Wanderern, die Asphalt lieber meiden möchten. Beschrieben sind daher primär die eher abwechslungsreichen und schönen Wege ohne Asphalt, wenn möglich sind aber Alternativen (für Buggys) angegeben.

Wandern mit **Hund** ist bei den meisten Wanderungen möglich, oft muss der Vierbeiner allerdings an der Leine geführt werden. In geschützten und besiedelten Gebieten sollte ein Kotbeutel für dringende (feste) Bedürfnisse des Vierbeiners mitgenommen und verwendet werden. Im Sommer dürfen tagsüber an viele Strandabschnitte keine Hunde mitgenommen werden, auch nicht angeleint. Das betrifft meistens die bewachten Badestellen. Dadurch sind dann leider manche Touren, die am Strand entlangführen, nicht möglich. Alternativen (im Landesinneren) sind – soweit möglich – angegeben.

- www.doggydating.com → Losloopgebieden, ausführliche Infos über Gebiete, u. a. Strände, wo Hunde frei laufen dürfen (oder nicht)

Der öffentliche Nahverkehr ist in den Niederlanden ausgesprochen hundefreundlich: Kleine Hunde dürfen gratis mit, solange sie in einer Tasche, in einem Korb oder auf dem Schoß transportiert werden können. Für größere Hunde muss in niederländischen Zügen eine Tageskarte von nur € 3,10 gelöst werden (erhältlich am Schalter oder Automaten).

Klima und Reisezeit

Klima und Wetter sind demjenigen von Norddeutschland vergleichbar, d. h., im Prinzip sind die Wanderungen ganzjährig möglich.

☺ Bei der Wahl der Reisezeit sollte beachtet werden, dass in der Sommersaison (Juni bis August) die Wege, Straßen, Strände und Unterkünfte recht voll und die Preise in Letzteren entsprechend hoch sind.

Weitere Einschränkungen:
In Schutzgebieten wie auf **Texel** dürfen während der Brutzeit (April bis September) einige (besonders schöne) Pfade durch die Dünen nicht begangen werden.

Wenn Sie mit **Hund** unterwegs sind, gibt es in den Sommermonaten weitere Einschränkungen, weil Hunde bei vielen Küstenabschnitten entlang der Nordsee von Mai bis September nicht an den Strand dürfen.

Gute Websites für Wettervorhersagen:

- www.yr.no → Ortsname, gute und werbefreie Wetterwebsite des norwegischen meteorologischen Instituts und Rundfunks (u. a. auf Englisch)
- www.buienradar.nl, der wohl beliebteste (und genaue) Regenradar der Niederlande (auf Niederländisch)

Karten, GPS und Literatur

Karten

Reine Wanderkarten im Maßstab 1:25.000 gibt es flächendeckend nicht, wenn überhaupt, dann nur für einige Gebiete. Im Maßstab 1:50.000 gibt es viele Radkarten (flächendeckend), in denen oft zumindest die größeren Wanderwege verzeichnet sind. Die wichtigsten Serien von Wanderkarten für die Niederlande werden vom ANWB und Falk herausgegeben.

ANWB – Wandel- en Fietskaart 1:25.000 sind Wanderkarten v. a. für Gebiete in Nordholland, die oft mehrere der hier beschriebenen Touren abdecken, erhältlich vor Ort oder für € 9,50 bei 💻 www.anwb.nl und € 10,90 bei 💻 www.mapfox.de. ANWB ist das niederländische Gegenstück zum ADAC, versteht sich aber mehr als allgemeiner Mobilitätsverein und nicht nur als reine Autolobby und hat gute Karten für (Rad-)Wanderer.

Vor Ort gibt es manchmal weitere Wanderkarten, oft von **Falk**, die in Zusammenarbeit mit Tourismusverbänden (vvv), dem Naturschutzverein Natuurmonumenten oder der Forstbehörde Staatsbosbeheer herausgegeben werden.

Für die beschriebenen Touren sind die folgenden Karten hilfreich:

📖 Falk-vvv: Wandelkaart 12 Nationaal Park Zuidwest Fryslân 1:50.000, ISBN 978-9028730007, € 8,99 (Tour 1)

♦ Falk-Staatsbosbeheer: Wandelkaart 05 Lauwersmeer 1:25.000, ISBN 978-9028711907, € 6,99 (Tour 2)

♦ Falk-Staatsbosbeheer: Wandelkaart 36 Oostvaardersland 1:25.000, ISBN 978-9028714915, € 6,99 (Tour 3)

♦ Falk-Staatsbosbeheer: Wandelkaart 15 Groot Waterland 1:20.000, ISBN 978-9028711273, € 6,99; Trage Paden: Topogr. Wanderkarte 1:25.000 Amsterdam Waterland, ISBN 9789081396103, € 12,90 (Touren 5 u. 6)

♦ Falk-Staatsbosbeheer: Wandelkaart 44. Waterlinie-Noord 1:35.000, ISBN 978-9028718739, € 6,99 (Tour 7)

♦ Falk-vvv: Wandelkaart 07 Kop van Noord-Holland 1:25.000, ISBN 978-9028728257, € 8,99 (Tour 8 und 20)

♦ Falk-Staatsbosbeheer, Hollands Duin 1:17.500, ISBN 978-9028710900, € 6,99 (ohne Südspitze) (Tour 15)

♦ Falk Citymap & more 05. Den Haag met Scheveningen, 1:9.000, ISBN 978-9028726246, € 3,99 (ohne nördliche Spitze) (Tour 14)

♦ Falk-Natuurmonumenten: Wandelkaart 08 Nationaal Park Zuid-Kennemerland 1:20.000, ISBN 978-9028725416, € 6,99 (Tour 17)

♦ Falk-Staatsbosbeheer, Schoorlse Duinen 1:10.000, ISBN 978-9028710818, € 6,99 (Tour 19)

- Falk-Staatsbosbeheer: Wandelkaart 01 Texel 1:25.000, ISBN 978-9028710894, € 6,99 (Touren 21-25)
- Topografische Natur- und Freizeitkarte Texel 1:25.000, ISBN 978-9077350959, € 9,90 (Touren 21-25)

Bezugsquellen der genannten Karten im Internet:

- www.mapfox.de
- www.falk.nl → Webwinkel → Wandelkaarten
- www.anwb.nl → Webwinkel → Boeken & kaarten
- www.wandelenwebwinkel.nl

Weitere hilfreiche öffentliche Karten (abfotografiert bei Infotafeln vor Ort oder aus dem Netz) sind auf der Website der Autoren einsehbar www.wibarelds.de → Unsere Bücher → GPS & Karten

GPS

Für GPS-Geräte und Smartphones sind im Internet viele gute Karten kostenlos erhältlich, die bezüglich Inhalt und Aktualität oft besser sind als die käuflichen.

Basis der im Internet frei herunterladbaren bzw. nutzbaren Karten sind neben der Online-Anwendung von Google Maps meistens OSM-Karten (Open Street Map), die nach dem Wikipedia-Prinzip von Nutzern aktualisiert werden. Die Autoren haben gute Erfahrungen mit www.wanderreitkarte.de (auf Deutsch) gemacht.

Die GPS-Tracks zu den hier beschriebenen Wegen können Sie auf der Internetseite des Verlags (www.conrad-stein-verlag.de) herunterladen.

Literatur

- Barelds, W. & I.: Oh, diese Niederländer!, Conrad Stein Verlag, ISBN 978-3-86686-802-1, € 5,90. Amüsantes und Informatives über „die" Niederländer aus der Reihe „Nachbarschaften"
- Barelds, W. & I.: Oh, dieses Niederländisch!, Conrad Stein Verlag, ISBN 978-3-86686-916-5, € 4,90. Unterhaltsame Einführung in die niederländische Sprache
- Sievers, D.: Niederlande, Michael Müller Verlag, ISBN 978-3-95654014-1, € 26,90. Sehr informativer Reiseführer zu den Niederlanden, ideal zum Vorbereiten und zur Recherche vor Ort

- Krus-Bonazzae, A.: Amsterdam, Michael Müller Verlag, ISBN 978-3-95654138-4, € 16,90. Gut recherchierter Cityguide für Amsterdam
- Wilhelmsen, U.: Was lebt an Strand und Küste?, kosmos basics, ISBN 978-978-3-44015382-6, € 5,99. Kleiner, handlicher Naturführer für die Küste

Gracht, Meer, Zee, Singel, Sloot ...

Alle Wanderungen führen am Wasser entlang – daher sind die niederländischen Gewässerbezeichnungen wichtig, die manchmal nur scheinbar den deutschen entsprechen:

Beek	Bach, Strom
Gracht	(Stadt-)Kanal, Wasser-/Stadtgraben
Meer	(Binnen-)See
Kanaal	Kanal
Rivier	Fluss
Singel	Ringgraben (in der Stadt)
Sloot	(Wasser-)Graben
Stroom	Fluss
Vaart	Wasserstraße, Schifffahrtsweg
Zee	Meer/Ozean

Der **Unterschied zwischen Zuiderzee und IJsselmeer**: ***Zuiderzee*** (wörtlich „Südmeer") ist die Bezeichnung für die ehemalige, 100 km ins Binnenland hineinreichende Meeresbucht zwischen Nordholland und Friesland, die seit der Eindeichung (1932) im neu entstandenen ***IJsselmeer*** (wörtlich „See der IJssel") aufging. Dieses ist nach dem Fluss IJssel benannt, der bei Kampen als Nebenarm des Rheins in das IJsselmeer mündet.

Updates

Der Conrad Stein Verlag veröffentlicht Updates zu diesem Wanderführer, die direkt von den Autoren oder von Lesern des Buches stammen. Sie finden diese auf der Verlagshomepage 💻 www.conrad-stein-verlag.de.

Der rechts abgebildete QR-Code führt Sie direkt dorthin.

Friesland und Groningen

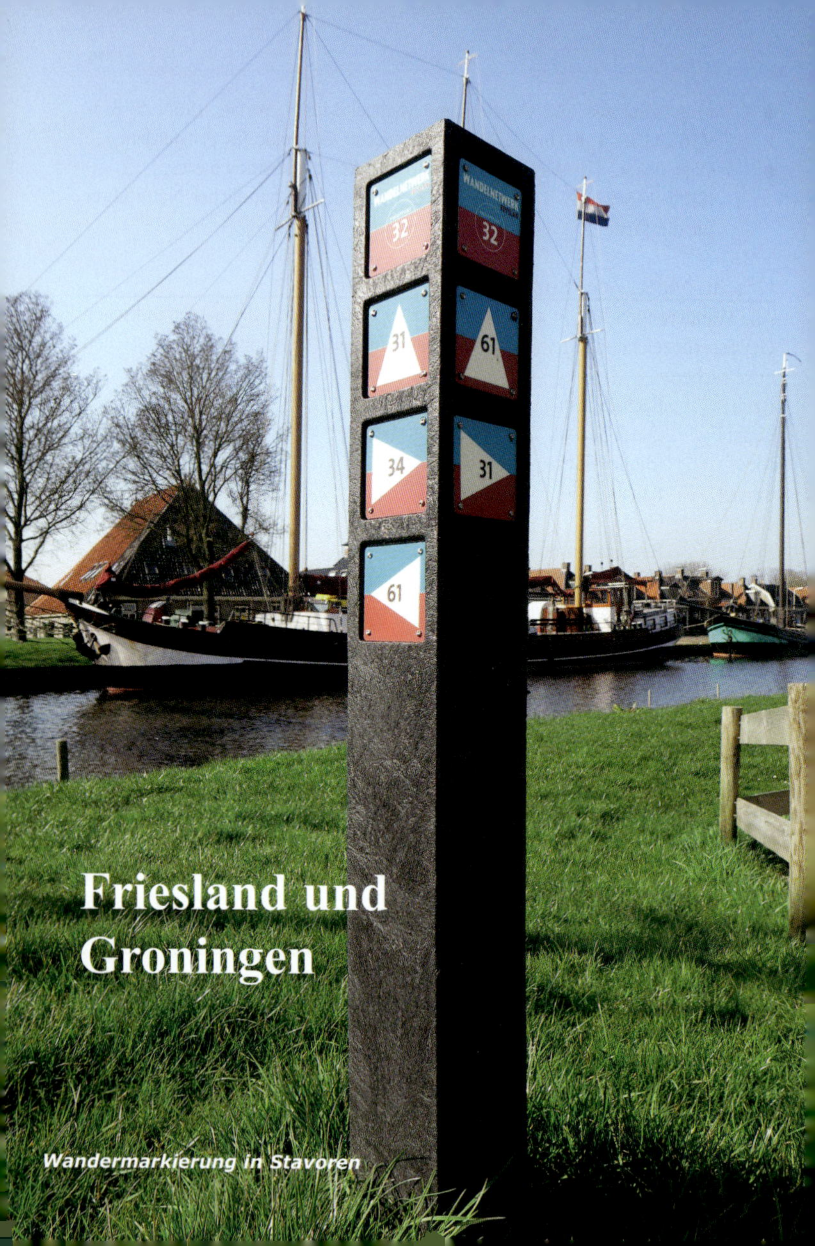

Wandermarkierung in Stavoren

1 Wanderung an der friesischen IJsselmeerküste Stavoren

Tour für Landschafts- und Naturgenießer

Diese Wanderung führt Sie über einen schönen Abschnitt des 150 km langen friesischen Küstenwanderweges am IJsselmeerdeich entlang von Hindeloopen nach Stavoren. Beide Orte gehören zu den „klassischen" elf friesischen Städten und bieten eine kleine pittoreske Altstadt mit Hafen.

→ Start: Hindeloopen, Bahnhof, GPS N 52°56.786' E 005°25.390';
Ziel: Stavoren, Bahnhof am Hafen, GPS N 52°53.214' E 005°21.634'

11,2 km

3 Std.

↑↓ 30 m/30 m

⇧ -2 bis 3 m

stellenweise Farbmarkierungen (rot-weiß)

Sitzbänke am Anfang vor/in Hindeloopen sowie am Deich bei km 6,9

Einkehrgelegenheiten in Hindeloopen (km 1,7) und am Ziel

WC WC in Hindeloopen (km 1,5) und am Ziel

Bademöglichkeit entlang des Deichs, vor allem ab km 3

Für Kinder ist die Wanderung geeignet, allerdings vom Wegverlauf her nicht sehr abwechslungsreich. Für Unterhaltung sorgen Hafen und Badestelle.

Für Buggys ist die Strecke wegen des Grasweges auf der Deichkrone mit vielen Zaunüberstiegen eher nicht geeignet.

Hunde können mit, müssen aber auf dem Deich – also fast durchgehend – angeleint sein. Die Bahnfahrt mit dem (größeren) Hund ist wegen des Festpreises (€ 3,10) teurer als für Frauchen/Herrchen.

P Parkplätze bei Start und Zielpunkt: in Hindeloopen direkt am Bahnhof, GPS N52° 56.786' E5° 25.390' (gratis), in Stavoren 400 m südwestlich vom Bahnhof am Stationsweg, GPS N 052° 53.207' E 005° 21.944' (gratis ohne Zeitlimit). Alternativ können Sie noch auf dem Grasstreifen an der Straße neben dem Deich südlich von Hindeloopen parken (gratis).

Bahnhöfe Hindeloopen und Stavoren mit jeweils stündlichen Verbindungen in beide Richtungen bzw. über Sneek nach Leeuwaarden (ab Stavoren stündlich 02 nach), Tarif Stavoren – Hindeloopen: etwa € 2,50, www.ns.nl

Im Sommer gibt es eine Fußgängerfähre zwischen Stavoren und Enkhuizen, Anleger am Bahnhof. ☎ 02 28 32 60 06, http://www.veerboot.info/de/, Mai bis September täglich 3 x in beide Richtungen, April und Oktober am Wochenende, Tarife: einfach € 11, retour € 15, für Hunde gratis

Von der einsam zwischen Weiden liegenden Bahnhaltestelle Hindeloopen folgen Sie dem kleinen Fahrweg westwärts Richtung Küste und queren nach 250 m die Hauptstraße, um danach den asphaltierten Radweg nach rechts zu nehmen. Nach 200 m gehen Sie links über die Brücke und folgen danach dem Radweg nach rechts, zwischen Wassergräben und links von der Hauptstraße, vorbei an mehreren Bänken. Bei einer Brücke (Wander-Knotenpunkt 21) gehen Sie geradeaus auf dem jetzt gepflasterten Radweg auf den Kirchturm von Hindeloopen zu. Am Ortsanfang von Hindeloopen wandern Sie vor der Linkskurve (km 1,5) rechts über die Fußgängerbrücke, passieren das Toilettenhäuschen und queren die Straße, um hinter dem Deich am Hafen links zu gehen.

Hindeloopens Handel mit Holz und Hanse und Stavorens Schiffe

Hindeloopen blickt auf eine glorreiche Vergangenheit als Handelsstadt zurück, die regen Handel mit der Hansestadt Lübeck trieb und um 1700 über eine Flotte von 80 Handelsschiffen verfügte, die vor allem Holz aus dem Ostseeraum nach Amsterdam transportierten. Heute ist Hindeloopen ein im Winter eher verschlafener, im Sommer aber lebendiger Touristenort mit Museumscharakter.

Das um 1050 gegründete **Stavoren** ist die älteste Stadt Frieslands und lebte ebenfalls vom Handel sowie von der Fischerei. Die ehemalige Hansestadt zählte im 17. Jh. vier Schiffswerften. Danach ging es abwärts: Der Hafen versandete zusehends und war damit für größere Schiffe nicht mehr erreichbar. Im 18./19. Jh. sank die Einwohnerzahl von rund 1.600 (1704) auf weniger als 600 (1815).

Die ehemals stolzen selbstständigen friesischen Städte Stavoren (950 Ew.) und Hindeloopen (850 Ew.) wurden 1984 zusammen mit Workum zur Gemeinde **Nijefurd** zusammengefasst, die 2011 mit anderen Städten zu **Súdwest-Fryslân** fusionierte.

Hinter der Ziehbrücke biegen Sie vor einigen Einkehrgelegenheiten links in den gepflasterten Fußweg (Kalverstraat).

✕ Restaurant de Hinde, Het Oost 4, ☎ 05 14 52 38 68, www.dehinde.nl, täglich außer Mi 11:00-21:00, gute Küche, Aussicht und Terrasse am Hafen

♦ Ame Gijs, Het Oost 8, ☎ 05 14 52 35 10, Mi-So 11:00-22:00, rustikaler, am Hafen

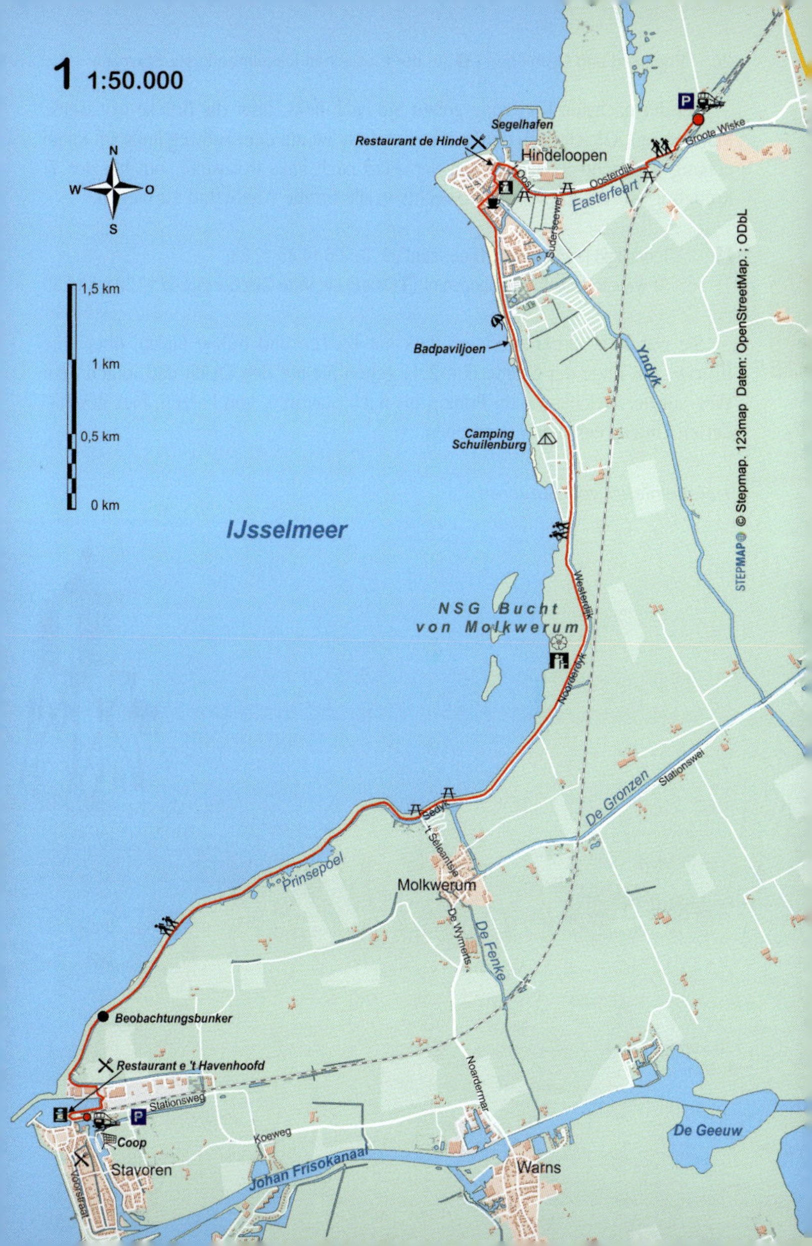
1 1:50.000
N
W
O
S
1,5 km
1 km
0,5 km
0 km
IJsselmeer
Segelhafen
Restaurant de Hinde
Hindeloopen
Oosterdijk
Easterfeart
Groote Wiske
Sudersee wei
Badpaviljoen
Yndyk
Camping Schuilenburg
Westerdijk
NSG Bucht von Molkwerum
Noarderdyk
Sedyk
De Gronzen
Stationswei
Prinsepoel
Molkwerum
De Fenke
De Wyrnerts
Beobachtungsbunker
Restaurant e 't Havenhoofd
Stationsweg
Noardermar
Coop
Koeweg
Stavoren
Voorstraat
Johan Frisokanaal
Warns
De Geeuw
STEPMAP © Stepmap. 123map Daten: OpenStreetMap ; ODbL

Bei der nächsten Kreuzung gehen Sie nach links, über die Brücke (rot-weiße Markierung). Gleich nach der Brücke wandern Sie auf dem Fußweg links am Kanal entlang und nehmen nach 30 m den Pfad nach links (rot-weiß), um bei der T-Kreuzung vor der 🛈 Touristinfo rechts in die Straße Nieuwstad zu biegen.

🛈 Touristinfo Hindeloopen, Nieuwstad 26, ☏ 05 14 85 12 23, 💻 www.touristinfohindeloopen.nl, Ostern bis Mitte Oktober täglich 10:30 bis 15:30

Sie wandern vorbei an einem Park mit Bänken und Bühne (links), über eine Brücke. Am Ende der Straße (km 2,1) gehen Sie auf den Deich und folgen dem Weg auf der Deichkrone im Prinzip bis nach Stavoren, von kurzen, hier geschilderten Unterbrechungen abgesehen.

Hafeneinfahrt von Stavoren

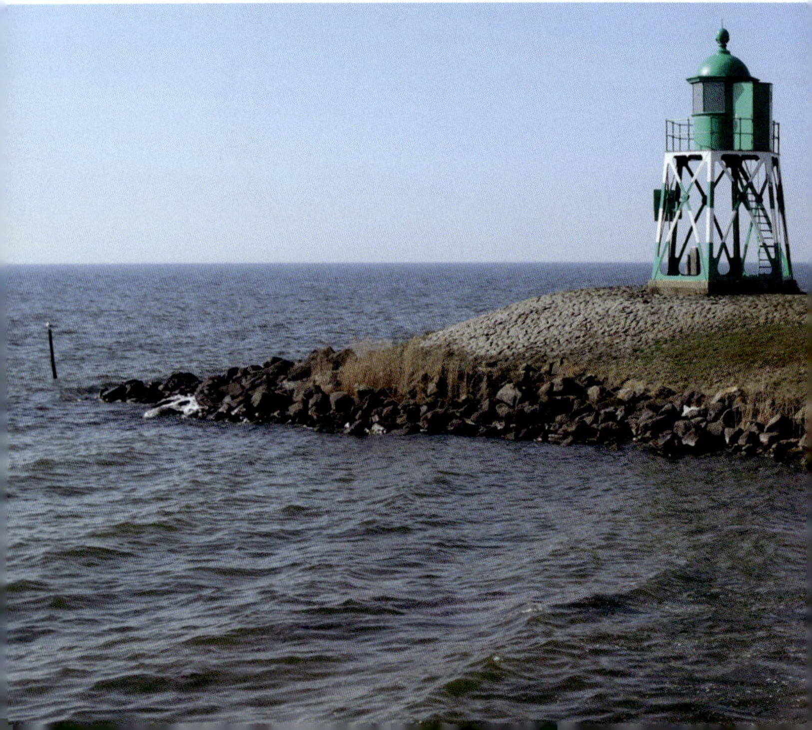

Hunde müssen auf dem Deich angeleint sein, weil dort im Sommer Schafe grasen.

Nach 1 km passieren Sie ein auffälliges Gebäude auf der Deichkrone (km 3,1), den 1913/14 im Art-nouveau-Stil erbauten Badpaviljoen, der unter Denkmalschutz steht und auf eine weitere Bestimmung wartet.

Badefreunde finden die besten Gelegenheiten zur Abkühlung im Bereich des Badpaviljoens 1 km südlich von Hindeloopen, später gibt es kaum noch Badegelegenheiten!

Nach dem Badpaviljoen folgen Sie dem Weg rechts nach unten und laufen direkt an der Küste entlang auf dem Plattenweg bis zum Beginn eines Campingplatzes (km 3,5), den Sie links auf dem Deich umgehen.

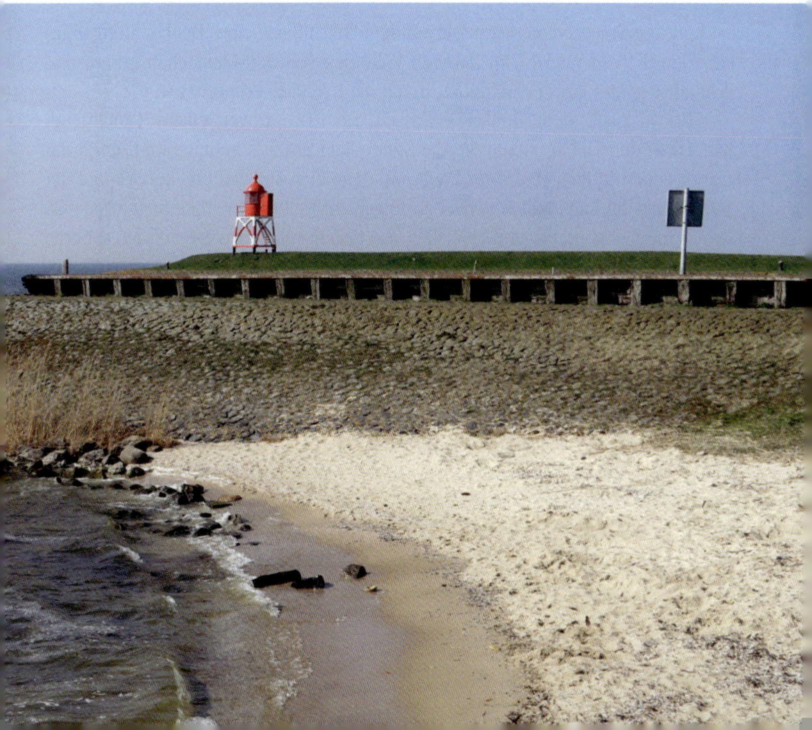

Vierbeiner dürfen nicht auf den Küstenweg, stattdessen bleiben Wanderer mit Hund ab dem Badpaviljoen auf dem Deichweg.

Auf einem kurzen Abschnitt (km 4,2 bis 4,6) ist der Deichweg gesperrt (Privatgrundstück) und Sie müssen für 5 Min. auf die links unten verlaufende Straße ausweichen. Bei einem Querzaun gehen Sie wieder rechts auf die Deichkrone hinauf. Bis nach Stavoren wird der Deichweg immer wieder von Holzzäunen (wegen der Schafe) gequert, die Sie übersteigen oder links unten (mit Gattern) umgehen können.

Nach gut 1 km (km 5,5) ist nach rechts ein Abstecher (➲ 2 x 200 m) zu einer Vogelbeobachtungshütte direkt an der Küste möglich. Sie liegt im 274 ha großen **Naturschutzgebiet Bucht von Molkwerum** mit seiner flachen Küste und drei künstlichen Inseln bzw. Sandbänken, wo viele Kormorane leben.

Kurz vor Stavoren passieren Sie auf dem Deich Reste eines Beobachtungsbunkers (km 9,9), der 1942 im Zweiten Weltkrieg von den Deutschen erbaut und drei Jahre später bei der Befreiung durch die Kanadier gesprengt wurde.

500 m nach dem Bunker verlassen Sie 100 m vor einem Leuchtfeuer (km 10,4) den Deich, indem Sie die Stufen links abwärts nehmen und durch das Gatter gehen (grüner und roter Pfeil), um dann dem Fußweg und kurz darauf der Straße links an Lagerhallen vorbei zu folgen. Im weiteren Verlauf halten Sie sich immer möglichst rechts und erreichen das Hafenbecken, wo Sie auf der anderen (südlichen) Seite rechts gehen. So kommen Sie nach 100 m zu dem kleinen Bahnhof und nach weiteren 150 m zum modernen Pavillon mit Touristinfo und Restaurant.

TIP Stavoren, Stationsweg 7, ☏ 05 14 68 24 24, www.stavoren.nl, Mitte April bis September Mo bis Sa 9:30 bis 12:00 und 13:30 bis 18:00, So 10:30 bis 11:30, 13:30 bis 14:30 und 17:30 bis 18:00

Restaurant e 't Havenhoofd, Stationsweg 1, ☏ 05 14 68 23 33, www.hethavenhoofd.nl, April bis Oktober täglich, schöne Lage am Hafen mit großer Terrasse, aber laut Internetkritiken nicht immer warme Gerichte

♦ Eine Alternative ist gleich nebenan eine Snackbar. Gegenüber gibt es an der Brücke zwei weitere Einkehrgelegenheiten, aber nicht in so schöner Lage.

❷ Rundwanderung bei Lauwersoog

Tour für Naturfreunde

Das zwischen Friesland und Groningen liegende Lauwersoog ist Ausgangspunkt für Fährfahrten nach Schiermonnikoog. Wegen seiner abgeschiedenen Lage wird das 1969 durch Eindeichung entstandene Lauwersmeer nicht nur gerne von Vögeln aufgesucht, sondern auch von Soldaten – vom nahe gelegenen Truppenübungsplatz sind gelegentlich Schüsse zu hören. Ein Drittel des 6.000 ha großen Nationalparks sind Gewässer – ein Eldorado für Wasservögel und Wassersportler, Erstere im flachen, Letztere im tieferen Wasser. Diese kurze Rundwanderung führt durch Wald und an Teichen und Wasserkanälen sowie an der Nordseeküste entlang. Am Start- und Zielpunkt gibt es neben einer Einkehrgelegenheit auch eine Badestelle.

Start/Ziel: Parkplatz Strandweg beim Strandpaviljoen Bosveld kurz vor Lauwersoog, GPS N 53°23.786' E 006°13.930'

6,1 km

2 Std.

25 m/25 m

-2 bis 5 m

Farbmarkierungen (weiß, rot-weiß) und Pfeile (weiß auf grünem und blauem Grund)

Rastplätze am Start/Ziel bei der Badestelle sowie unterwegs mehrere Bänke

Einkehrgelegenheit am Start/Ziel (Paviljoen Bosveld) sowie bei der Variante bei km 2,6

WC WC bei der Badestelle am Start/Ziel, in Sommersaison

Badestelle Kleine Zwaan am Start/Ziel

Für Kinder gut geeignet: Der Weg ist abwechslungsreich und nicht zu lang, am Ziel lockt eine Badestelle. Aber Vorsicht bei den Radwegen!

Für Buggys geeignet, allerdings müssen diese über den Deich getragen werden, es sei denn, man nimmt vorher den Radweg.

Hunde können mit, müssen aber fast durchgehend angeleint sein. Die Passage an der Nordseeküste ist mit Hund nur an der landzugewandten Seite des Deiches möglich.

P Parkplatz am Start/Ziel (gratis), hinter der Einkehrgelegenheit, GPS N 53°23.786' E 006°13.930'

Bushaltestelle Strandweg bei der Badestelle/Strandpavillon Bosveld nahe dem Start-/Zielpunkt, Linie 163 (Qbuzz) von/nach Groningen, oder Haltestelle am Hafen von Lauwersoog (nahe km 3,3), Linie 155 (Arriva) von/nach Leeuwarden, Fahrpreis jeweils ca. € 8. Nur wenige Verbindungen am Tag! www.ns.nl

Alternative am See/Robbengat (➲ 0,4 km kürzer):

Wenn Sie lieber ein längeres Stück am Ufer des Binnensees Robbengat gehen möchten statt durch Wald und später an der Nordsee entlang, laufen Sie beim Startpunkt, der Badestelle, zum Seeufer und folgen dem Uferweg nach rechts. Nach 5 Min. umgehen Sie ein Hafenbecken und folgen weiter dem Uferweg.

Knapp 150 m nach dem ✕ Restaurant De Bose Wijf (Strandweg 1, ☏ 05 19 34 91 33, täglich ab 7:00) erreichen Sie die Straße Noordergat (km 2,7) und folgen ihr 20 m nach rechts, um dann gleich wieder links auf einen Holzpfad abzubiegen, der idyllisch über einen Teich führt und dort eine Bank passiert.

Nach dem Teich folgen Sie dem Radweg nach rechts und biegen kurz vor dem Deich noch einmal rechts ab, um bei einer Infotafel mit Karte die Straße zu queren (Strandweg). Ab hier folgen Sie der beschriebenen Route ab km 3,4.

Vom Strandpaviljoen Bosveld mit dem Parkplatz davor folgen Sie der Zufahrtsstraße 100 m nach rechts Richtung Hauptstraße zu dem großen (eckigen) Betontor, das ein wenig an einen Bunker erinnert. Den See im Rücken gehen Sie durch das Betontor hindurch und nehmen dahinter den Pfad nach links (weiße Markierung), vorbei an einem Schild zum Naturreservat Lauwersmeer mit der Aufschrift „Vrij wandelen op Wegen en Paden". Nach 150 m folgen Sie dem Grasweg nach links (weiß) und halten sich bei der T-Kreuzung mit einer Erle in der Mitte rechts.

Kurz nach der zweiten brettähnlichen Holzbrücke über einen Bach halten Sie sich bei einer weiteren Gabelung rechts (weiß), um nach 30 m bei einer Betonbank der weißen Markierung nach links zu folgen (km 1). Kurz darauf ignorieren Sie den rechts abzweigenden Pfad und gehen geradeaus weiter – bis zu einer Gabelung, wo es rechts weitergeht (weiß), kurz darauf am Waldrand mit rechts freiem Gelände entlang.

Nach 5 Min. halten Sie sich bei einem Radweg rechts und gehen auf die Holzbrücke zu, vorbei an einer Bank. Auf der Holzbrücke überqueren Sie die Straße (km 1,6). Hinter der Brücke folgen Sie beim Knotenpunkt 51 der Beschilderung des Wanderwegenetzes geradeaus und durch die Linkskurve auf einem

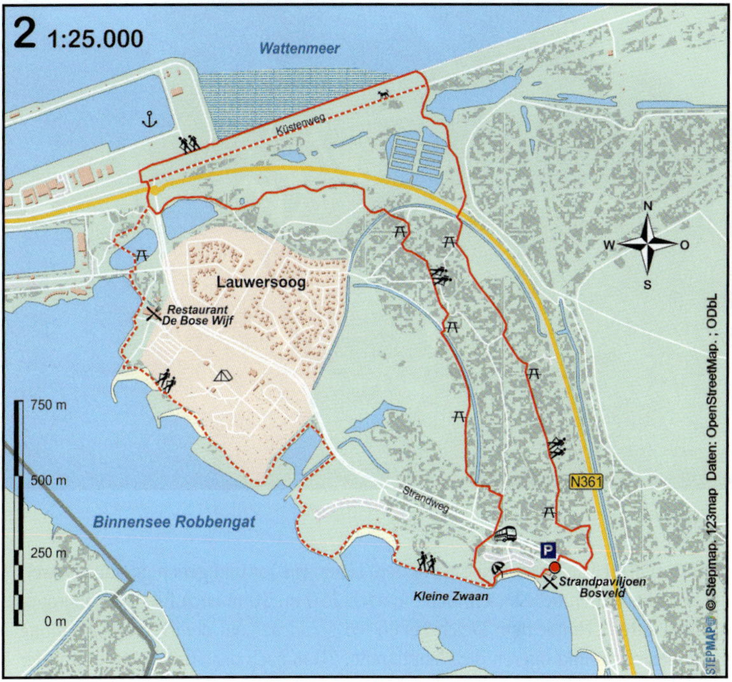

betonierten Radweg. Zwischen Wald (links) und einem Kanal (rechts) nähern Sie sich dem Seedeich, überqueren diesen und gehen auf dem Deich oder seewärts auf dem asphaltierten Uferweg nach links Richtung Hafen.

⇲ Alternative mit Hund oder bei starkem Seewind (➲ 0,1 km kürzer):

Auf und (seewärts) vor dem Deich dürfen Hunde – auch angeleint – nicht mitgenommen werden. Als Alternative bleibt für das 1 km lange Teilstück bis zum Hafen der landseitige Küstenweg, der allerdings recht monoton und ohne Seesicht links neben dem Deich verläuft. Bei sehr starkem Seewind ist das auch eine angenehme Alternative für Wanderer ohne Vierbeiner. Sie folgen diesem Küstenweg etwa 15 Min. nach links bis zur Linkskurve, wo der Uferweg auf die Hauptstraße führt und Sie wieder auf die beschriebene Route treffen (ab km 3,4).

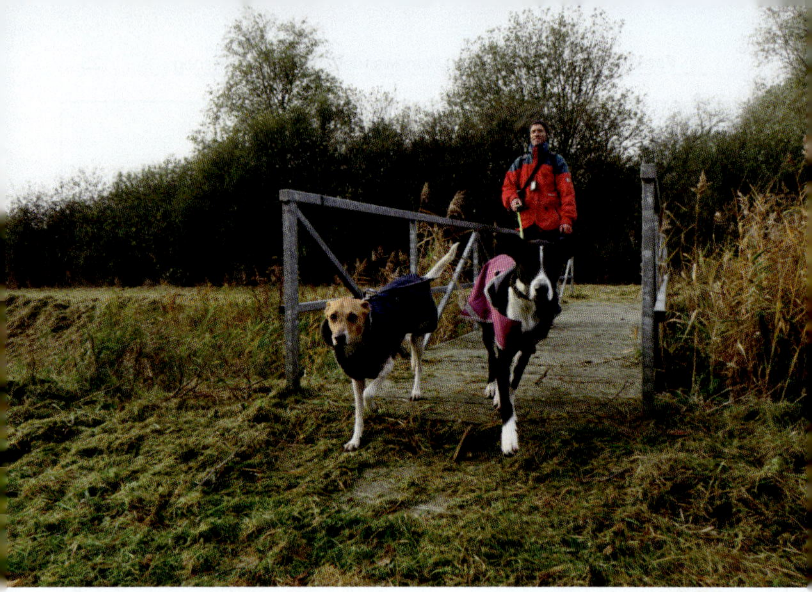

Hundefreundliches Wandern

Nach 10 Min. passieren Sie vor dem Hafen ein Tor und gehen geradeaus, weiter rechts neben dem Deich, den Sie nach 250 m, 50 m nach P4, links überqueren (Gatter). Hinter dem Deich gehen Sie geradeaus auf dem Radweg Richtung Landesinnere und queren die Hauptstraße. 70 m nach der Straße geht es vor der Infokarte links über die Straße (km 3,4) und geradeaus auf den Radweg, der links an einem Binnensee vorbeiführt (rot-weiße Markierung). Von links ist gelegentlich das Autorauschen der Hauptstraße zu hören. Nach einer Brücke folgen Sie links dem Grasweg, der rechts neben dem Kanal entlangführt (weißer Pfeil auf grünem Grund). Nach 100 m gehen Sie bei einer T-Kreuzung links (weißer Pfeil/grüner Grund), nach 40 m rechts über die Brücke (km 3,9) und weiter geradeaus. Bei der nächsten T-Kreuzung folgen Sie dem Radweg nach links (weißer Pfeil/grüner Grund), nach 100 m über eine Brücke und weiter geradeaus. Nach 100 m halten Sie sich bei der (einer anderen) ⩸ Betonbank rechts und nehmen nach 20 m den links abzweigenden betonierten Weg, der nach 30 m mit einem weißen Pfeil auf blauem Grund markiert ist.

Nach 70 m gehen Sie links (weißer Pfeil/blauer Grund) und folgen diesem Radweg bis zu einer Gabelung mit ⩸ Bank (km 4,8), wo Sie rechts den Grasweg nehmen (weißer Pfeil/blauer Grund). Nach 50 m queren Sie einen anderen Grasweg und danach einen Bach, ehe der Weg nach links schwenkt und rechts neben dem Bach südwärts führt, nach 250 m vorbei an einer ⩨ Betonbank. Nach einer Linkskurve gehen Sie bei einer Kreuzung mit einem Grasweg (km 5,5) geradeaus (rot-weiß, weißer Pfeil), folgen nach 100 m dem asphaltierten Radweg nach rechts und ignorieren alle Abzweigungen. Der Radweg führt Sie zu einer Straße (mit einer Holzschranke zur Rechten kurz davor), die Sie queren.

Betontor am Start/Ziel der Wanderung

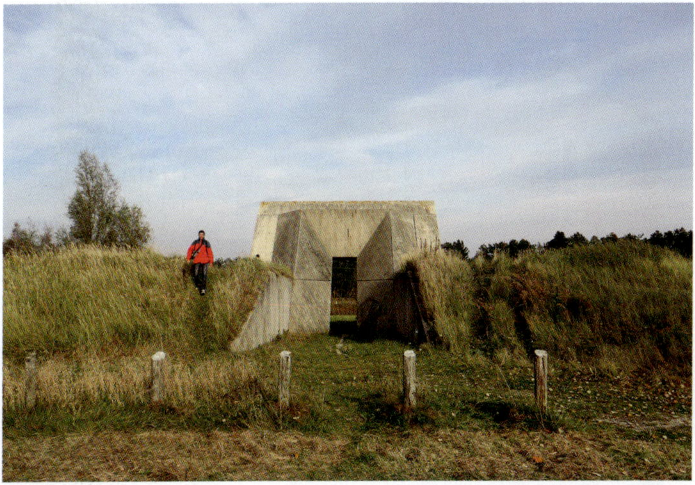

Weiter geht es geradeaus auf dem Pfad Richtung Binnenmeer, der auch für Radfahrer freigegeben ist. Sie wandern über eine kleine Brücke und einen anderen Radweg, ehe Sie die Badestelle Kleine Zwaan mit einem WC rechts und ⩨ Tisch und Bank direkt am Ufer erreichen. Links sind es am Ufer entlang noch rund 150 m zum Startpunkt mit dem Strandpaviljoen.

✕ Strandpaviljoen Bosveld, Strandweg 11, Anfang April bis Ende September täglich ab 10:00, sonst täglich 11:00 bis 17:00

Badestelle Kleine Zwaan im Lauwersmeer, www.zwemwater.nl. Bei warmem Wetter (und Wasser) Gefahr von Blaualgenblüte, die für Menschen giftige Stoffe produzieren kann.

IJsselmeer

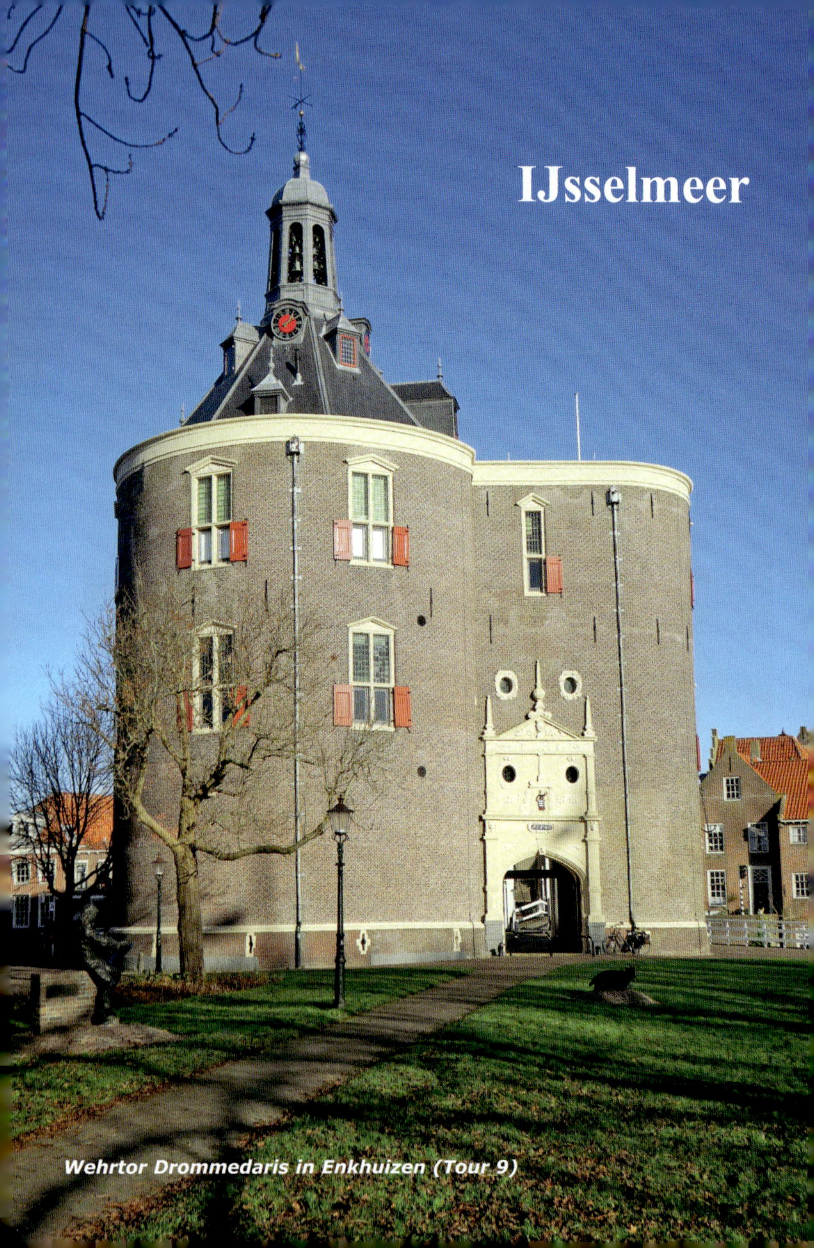

Wehrtor Drommedaris in Enkhuizen (Tour 9)

③ Rundwanderung bei Almere-Oostvaardersplassen

Tour für Wanderer, die an Natur und moderner Stadtplanung interessiert sind

Almere ist die jüngste und am stärksten wachsende Großstadt der Niederlande. Sie wurde 1984 als künstliche Stadt in der neu geschaffenen Provinz Flevoland zur Entlastung von Amsterdam gegründet. Tausenden Amsterdamern wurde die Übersiedlung schmackhaft gemacht und daher hat sich die Einwohnerzahl in 20 Jahren fast verdoppelt auf heute rund 200.000. Zwischen Almere und der Provinzhauptstadt Lelystad liegt mit den Oostvaardersplassen ein großes Naturareal, an dessen Rand die Wanderung entlangführt. Zurück geht es durch großzügige Grünanlagen in Wohngebieten von Almere.

- Start/Ziel: Bahnhof Almere-Oostvaardersplassen, GPS N 52°24.176' E 005°18.039'
- 8,3 km
- 2 Std. 30 Min.
- 30 m/30 m
- -2 bis 6 m
- stellenweise (selten) Farbmarkierungen (rot-weiß) sowie Schilder für Pfade und Straßen
- Rastplätze bei km 4 und 5,7 sowie zahlreiche Sitzbänke unterwegs
- Restaurant/Café im Naturzentrum bei km 4,9, einfache Essgelegenheiten (Pizza, Döner) in Kiosks vor dem Bahnhof
- großer Supermarkt (Albert Heijn) am Bahnhof
- Die Tour ist für Kinder geeignet: nicht zu lang und mit netten Beobachtungspunkten, kindgerechten Infos im Naturzentrum sowie Spielplätzen im Ort.
- Für Buggys geeignet, die nicht befestigten Fußpfade lassen sich auf Radwegen umgehen.
- Hunde dürfen nicht in das Naturreservat.
- P Parkplätze am Bahnhof sowie am Naturzentrum bei km 4,9 (alle gratis)
- Bahnhof Almere-Oostvaardersplassen mit halbstündlichen Verbindungen (*stoptrein*) zwischen Zwolle und Amsterdam, Fahrpreis nach Zwolle € 13,20, nach Amsterdam € 7,40
- Diese Wanderung ist in den Wintermonaten (Mitte Januar bis Mitte April) nicht möglich, dann ist der Oostvaardersbos aus Tierschutzgründen gesperrt (Ruhebedürfnis in kalten Monaten).

Vom Bahnhof folgen Sie der breiten Straße südwärts, links am 🛒 Supermarkt Albert Heijn vorbei, queren die Hauptstraße und gehen geradeaus weiter südwärts entlang der Straße (Rodosstraat) durch ein Wohngebiet, dessen Straßen alle nach Inseln benannt sind. Auf der rechten Seite führt direkt neben der Häuserfront ein Fußweg entlang.

Nach der Querung eines Gewässers nehmen Sie links den Rad-/Fußweg (Schild: Oostvaarders), der rechts neben einem Kanal verläuft. Sie bleiben bis zum Ortsende von Almere auf diesem Weg, immer in Richtung Nordost, mit Blicken über den Kanal auf die neuen Häuser in interessanter Wohnlage direkt am Wasser.

Am Ende der Bebauung gehen Sie bei der Kreuzung mit einer Straße rechts von einem Kreisverkehr (km 2,1) geradeaus aufwärts und folgen dem Rad-/Fußweg über die moderne Straßenbrücke. 300 m nach der Brücke (km 2,6) biegen Sie bei der Kreuzung mit einem Fußweg links ab und folgen diesem Weg geradeaus, Abzweigungen nach links nicht beachtend.

Vor einer Rechtskurve des Forstweges (km 3) nehmen Sie bei dem mit „81" gekennzeichneten Pfahl (außerdem blaues Dreieck und zwei blaue Punkte) den links abzweigenden Pfad, queren einen Radweg und gehen vor der Bahnstrecke geradeaus auf dem Radweg weiter (Richtung Rad-Knotenpunkt 97), durch eine Linkskurve, vor der Straße rechts und unter den Bahngleisen hindurch.

Nach der Bahnbrücke (km 3,4) folgen Sie dem Weg durch ein Viehgitter (Hundeverbotsschild) und nehmen 50 m danach den nach rechts abzweigenden Fußweg (Schild: Frans Vera Pad), der am Gewässer Kotterdocht entlangführt, mit mehreren Rastgelegenheiten.

Nach 500 m (km 4) bietet sich nach links ein 2 x 20 m langer Abstecher zu einem leicht erhöhten Aussichtspunkt mit mehreren Bänken und Tischen an, ideal für eine Rast und einen Überblick auf die Wiesen der Oostvaardersplassen.

Oostvaardersplassen – Oase der Natur auf ehemaligem Meeresboden

Nach der Einpolderung Flevolands 1968 entwickelte sich in dem tiefer gelegenen Gebiet zwischen Almere und Lelystad eine abwechslungsreiche Seen- und Schlicklandschaft mit viel Ried, Weiden, Feuchtwiesen und Wasser. Auf Druck von Aktionsgruppen und Biologen wurde hier schließlich statt des geplanten Industriegebietes ein Naturreservat eingerichtet. Das rund 6.000 ha große Gebiet ist großteils für Besucher nicht zugänglich und hat sich als größtes niederländisches

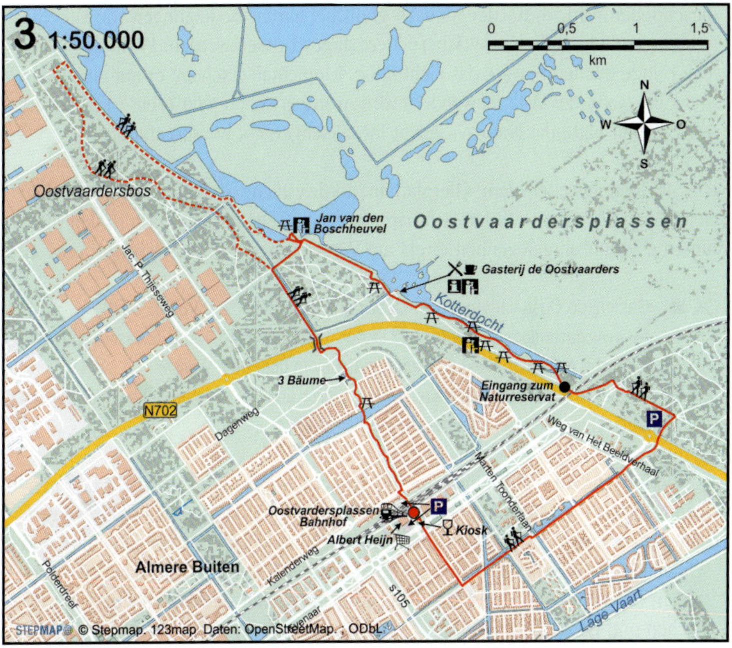

Feuchtgebiet zu einem Paradies für Vögel entwickelt. Hier leben mehr als 250 Arten, darunter Fisch- und Seeadler. Bekannt sind die Oostvaardersplassen für ein ökologisches Experiment: die möglichst natürliche Haltung großer grasfressender Säugetiere in großen Populationen. Dazu wurden 57 Rothirsche sowie Rassen von Rindern und Pferden, die den in Europa ausgestorbenen Wildtierrassen ähnlich sind, ausgewildert: 32 auerochsenähnliche Heckrinder (heute ca. 200) und 20 Konik-Ponys (heute ca. 800) – beide bilden in Oostvaardersplassen die jeweils größten Populationen ihrer Art.

Aufgrund fehlender Feinde konnten sich die Populationen so stark entwickeln, dass 20 Jahre nach der Auswilderung von einst rund 100 Tieren mehr als 3.000 die weiten Wiesen begrasten. Da das strenge Naturschutzmanagement ursprünglich jeden menschlichen Eingriff verbot, starben in harten Wintern zahlreiche Tiere einen qualvollen Hungertod. Nach öffentlicher Kritik änderte die staatliche Naturschutzbehörde Staatsbosbeheer das Management, das als *vroeg reactief* beschrieben wird, d. h., der Mensch greift bei harten Bedingungen wie Wintern vorbeugend ein, indem schwächere Tiere abgeschossen werden. Würden natürliche Feinde existieren, wäre das nicht nötig. Momentan erscheint es nur eine Frage der Zeit, wann der Wolf einwandern wird, worüber schon jetzt erbittert diskutiert wird. Damit hätte die Natur vielleicht ihr Gleichgewicht wiedergefunden ...

Sie folgen weiter dem Uferpfad in nordwestliche Richtung und erreichen schließlich das schon weithin sichtbare moderne Gebäude der Gasterji (km 4,9): unten eine Einkehrgelegenheit direkt am Wasser, oben eine Aussichtsterrasse.

Gasterij de Oostvaarders en de Oostvaardersplassen, ☎ 03 62 02 09 02, www.gasterijoostvaarders.nl, täglich 10:00 bis 17:00, keine Terrasse, aber tolle Aussicht, man sitzt direkt an Panoramafenstern über dem Wasser.

Die beiden Obergeschosse sind frei zugänglich und bieten einen weiten Blick auf das Gebiet mit mehreren Infotafeln sowie Ferngläsern.

Sie folgen dem Radweg links an der Gasterij vorbei über die Brücke und nehmen nach 100 m, 30 m hinter zwei Bänken (km 5,1), den rechts abzweigenden Pfad (Schild: 51, Oostvaardersbos), der direkt am Ufer entlangführt und schließlich bei Rad-Knotenpunkt 97 wieder auf den Radweg trifft (km 5,7). Hier steigen Sie rechts auf den Aussichtshügel **Jan van den Boschheuvel** mit Tischen und Bänken.

Sie verlassen den Hügel und gehen wieder zu der Kreuzung mit dem Radweg und dort rechts ins Landesinnere (Schild Hugo de Vriespad, benannt nach dem niederländischen Biologen bzw. Genetiker).

Verlängerung am Ufer und durch den Oostvaardersbos (➲ 4,4 km zusätzlich):

Sie können die Tour Richtung Norden verlängern, zunächst auf dem Uferweg und zurück durch den Wald Oostvaardersbos. Dazu folgen Sie hinter dem Aussichtshügel dem am Ufer entlangführenden Radweg in nordwestliche Richtung, nehmen nach 2,1 km den links abzweigenden Fußweg und biegen nach 100 m wieder links ab, in südöstliche Richtung durch das Wäldchen. Hier folgen Sie dem in leichten Kurven südwärts verlaufenden Weg und ignorieren Abzweigungen. Nach 2,3 km erreichen Sie eine Kreuzung von Radwegen und damit wieder die Route (bei km 6,2), wo Sie geradeaus weitergehen.

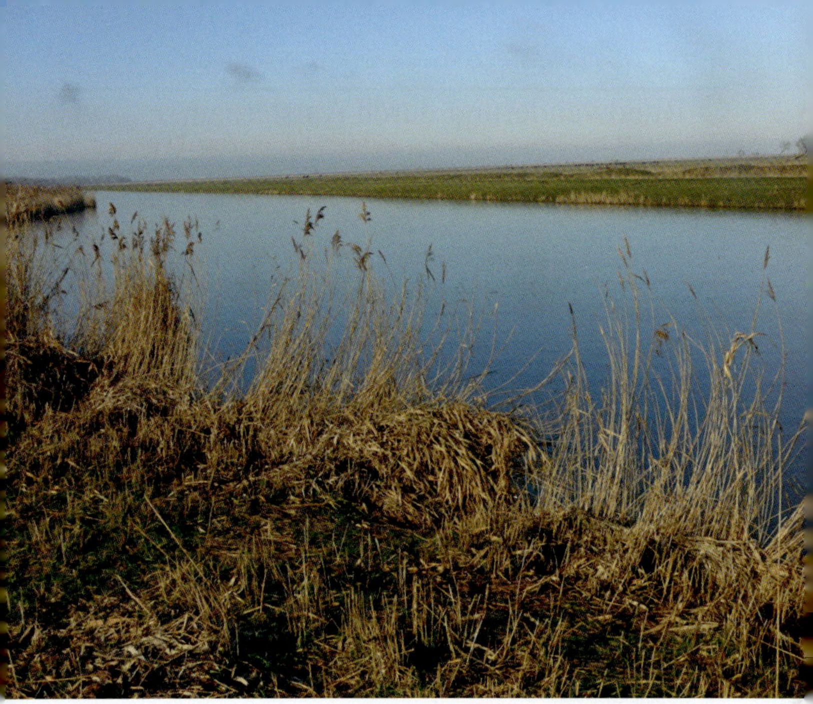

Blick vom Ufer auf Oostvaardersplassen

Bei der nächsten Kreuzung (km 6,2) folgen Sie links dem Radweg (Koopvaarderspad). 20 m nach der modern geschwungenen Brücke über die Schnellstraße nehmen Sie den Pfad links hinunter, rechts an einem Sendemast vorbei (km 6), der danach durch eine Rechtskurve führt und mehrere Radwege kreuzt. 50 m nach der dritten Querung gehen Sie bei einer Gabelung vor drei Bäumen links (km 7,2) und folgen dem Pfad geradeaus über einen großen Spielplatz, um nach 200 m nach mehreren ⩩ Bänken über eine Brücke zu laufen (km 7,5). Weiter geht es geradeaus auf dem Pfad, der auf einem breiten Grünstreifen mit vielen ⩩ Sitzgelegenheiten durch eine Wohnsiedlung geradewegs auf den Bahnhof zuführt.

❹ Rundwanderung durch Amsterdam

Stadtrundgang für Kulturfreunde

Amsterdam ist an einem Tag nur grob zu erkunden. Die Orientierung in der an einem Grachtenring gelegenen Metropole mit ihren 840.000 Einwohnern fällt nicht schwer. Dieser Rundgang führt nicht nur zu vielen berühmten Sehenswürdigkeiten und in bekannte Viertel, sondern auch durch nette kleine Gassen und teilweise überdachte Galerien bzw. Arkadengänge in weniger bekannten Ecken. Sie wandern möglichst viel am Wasser und sehen auch das „moderne" Amsterdam, das sich nicht nur in der Architektur sondern seit den 70ern auch in der (Sub-)Kultur manifestiert, ob Graffiti und Gays oder Hausbesetzer, Hasch und Hip-Hop.

Start/Ziel: Amsterdam Centraal, GPS N 52°22.708' E 004°54.013'

8,7 km

3 Std.

70 m/70 m

-1 bis 16 m

Straßenschilder

Nett zum Sitzen sind der ruhig gelegene Tisch und die Bank bei km 2,3 sowie die Bänke an der Amstel bei km 3,9.

viele Einkehrgelegenheiten unterwegs

WC öffentliche Toilette u. a. in der Bibliothek (kurz nach Beginn der Tour)

mehrere Einkaufsgelegenheiten unterwegs

Für Kinder ereignisreich und lehrsam – das Rotlichtviertel (km 2,8) ist tagsüber „kindgerecht".

Für Buggys geeignet, allerdings gibt es einige (wenige) Treppenstufen.

Für Hunde (und damit auch deren Besitzer) ist die Runde bei der Vielzahl von Menschen und Gerüchen in der Metropole Stress pur. Hunde dürfen aber überall mit, Leine und Kotbeutel verstehen sich natürlich von selbst.

P Parken ist in Großstädten immer schwierig (und in den Niederlanden teuer), daher empfehlen die Autoren die Anreise per Bahn. Parkhäuser gibt es z. B. nahe dem Bahnhof sowie hinter der Bibliothek bei km 0,7: Parking Centrum Oosterdok, GPS N 52°22.579' E 004°54.545' (€ 1 für 12 Min., max. € 13 am Tag).

Bus- und Tramhaltestellen gibt es förmlich an jeder Ecke, daher sind sie in dieser Beschreibung auch nicht einzeln aufgeführt. Betreiber des städtischen Nahverkehrs ist GVB mit einem Infobüro neben der Touristinfo am Hauptbahnhof, Mo bis Fr 7:00 bis 21:00, Sa und So 8:00 bis 21:00. Dort ist ein Liniennetzplan gratis erhältlich. Einzeltickets kosten rund € 3, Tagestickets € 7,50. www.gvb.nl

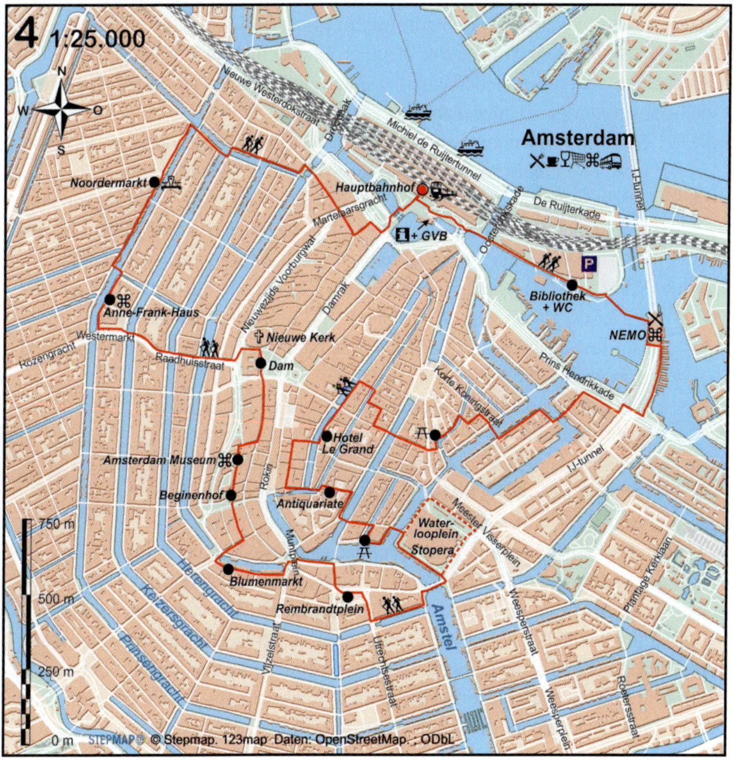

Amsterdam – Stadt auf Tausenden Pfählen

Amsterdam geht auf eine Siedlung an der Mündung des Flusses Amstel zurück, wo im 13. Jh. ein Damm gebaut wurde, daher der Ortsname: Amestelledamme → Amsterdam. Das moorreiche Gebiet wurde mit Gräben zum Torfabbau erschlossen. Wegen des sumpfigen Untergrundes mussten/müssen alle Häuser um 10 bis 18 m tief verankert werden, früher mit Holzpfählen bzw. Baumstämmen, heute mit Betonfundamenten. Hunderttausende Fichten- und Eichenstämme sichern Amsterdams Bausubstanz, alleine der königliche Palast ruht auf 13.659 Eichenpfählen. Die 8.600 Baumstämme des Hauptbahnhofs sollen aus dem Frankenwald stammen, andere Herkunftsgebiete sind der Schwarzwald, der Ostseeraum oder Norwegen. Die Stadt wuchs rasant im „Goldenen Jahrhundert" (16./17. Jh.), in dem auch der heutige Grachtengürtel entstand. Heute ist Amsterdam als größte niederländische Stadt eine der bedeutendsten Touristenmetropolen Europas. Einige Zahlen:

- 850.000 Einwohner, etwas mehr als die Hälfte ausländischer Herkunft bzw. 180 ethnische Gruppen – also wirklich „multikulti".
- 7 Mio. ausländische Besucher pro Jahr, überwiegend aus Großbritannien, Deutschland, den USA, Frankreich, Italien, Spanien. 50 % davon sind mit Kanalbooten unterwegs und mehr als 10 % kommen per Kreuzfahrtschiff.
- Rund 500 Hotels mit 70.000 Betten, 75 Museen, 32 Märkte, 165 Kanäle, 2.500 Hausboote, 90 Inseln, 1.280 Brücken – mehr als Venedig.
- Von fast einer Million Rädern werden jährlich etwa 6.000 (bewusst und unbewusst) in den Kanälen versenkt.
- Die Zahl der Coffeeshops hat sich von 1995 bis 2016 von 350 auf 167 mehr als halbiert – wegen strengerer Bestimmungen.

i Touristinfo Amsterdam neben dem Hauptbahnhof, Stationsplein 10, ☏ 02 07 02 60 00, Mo bis Sa 9:00 bis 17:00

Vom Hauptbahnhof kommend gehen Sie geradeaus auf die Touristinfo und die Info der Verkehrsbetriebe GVB daneben zu und halten sich danach links, queren die Gleise der Tram und schließlich die Hauptstraße (die links unter der Bahnbrücke hindurchführt). Nach der Ampel geht es geradeaus an der Mole weiter, rechts von den modernen Geschäfts-/Bürogebäuden (mit einem Starbucks vorne). Nach 200 m passieren Sie zur Rechten ein chinesisches Schiffsrestaurant und kurz darauf links die moderne Bibliothek mit öffentlichem WC unten.

100 m nach der Bibliothek geht es rechts über die Rad-/Fußgängerbrücke hinüber Richtung NEMO – das moderne Schiffsmuseum in Form eines Schiffs, entworfen vom Stararchitekten Renzo Piano. Vor dem NEMO gehen Sie rechts und nach 100 m links, am Eingang vorbei und zur anderen Seite der „Museumsinsel", wo Sie sich nach rechts wenden. Links im Museumshafen liegen mehrere alte Schiffe.

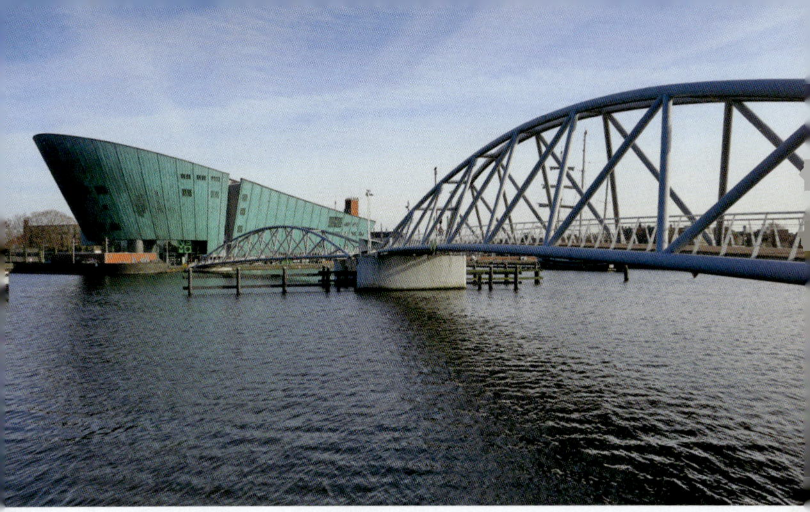

Science Center NEMO

⌘ NEMO Science Museum, Oosterdok 2, ☏ 02 05 31 32 33, 💻 www.nemosciencemuseum.nl, Di bis So 10:00 bis 17:30, stolzer Eintrittspreis von € 16,50, auch für Kinder (ab 4 Jahren) – obwohl mit BASF und Google finanzkräftige Sponsoren mit im Boot sitzen ... Auffälliges Wissenschaftsmuseum, das zum Anfassen bzw. Ausprobieren einlädt – ideal für Kinder.

↳ Nach 100 m lohnt sich scharf rechts aufwärts ein Abstecher hinauf auf das Dach des NEMO mit toller Sicht. ✕ Oben ist das (meistens recht volle) Museumscafé auch für Nicht-Museumsbesucher zugänglich.

100 m nach der Rampe zum NEMO-Dach gehen Sie vor der Hauptstraße die Treppe hinauf, bei der Kreuzung erst rechts und dann links über die Ampel, um danach auf dem Bürgersteig der Hauptstraße nach rechts zu folgen (Prins Hendrikkade). Die nächste Straße gehen Sie links (Peperstraat), auf dieser geradeaus bis über die Brücke und danach rechts, auf den Kirchturm zu. Sie folgen der Straße links neben der Gracht mit Hausbooten, wandern 100 m nach der Linkskurve rechts über die Brücke (Einbahnstraßenschild) und danach geradeaus weiter (Korte Koningstraat). Nach 50 m biegen Sie in die erste Straße links ein (Fußgängerstraße) und gehen an deren Ende rechts, nach 50 m über eine Brücke und danach links. Nach einer Brücke laufen Sie geradeaus auf dem Fußgängerweg rechts neben der Gracht weiter (Krom Boomsloot).

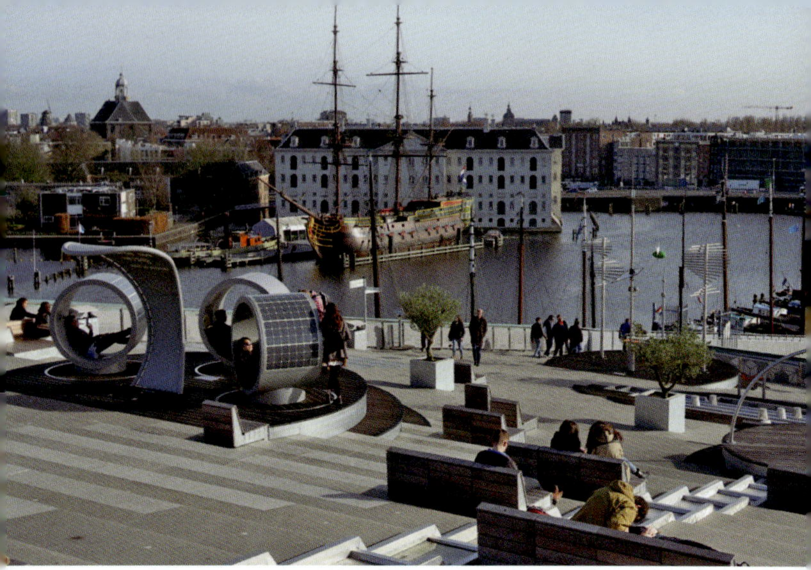

Auf dem Panoramadach des NEMO

Sie passieren nach 70 m (km 2,3) einen ⛼ Tisch mit Bank und halten sich danach links, steigen kurz darauf die Stufen hinauf, folgen der Gasse nach rechts (Snoekjessteeg) und wandern nach 30 m bei der Kreuzung mit einer Straße geradeaus auf der Rad-/Fußgängerstraße weiter (Nieuw Hoogstraat). ✋ 70 m nach einer Grachtenbrücke biegen Sie rechts in die Fußgängerzone (Bethaniendwarsstraat) und halten sich an deren Ende links und vor der Gracht rechts, um die Gracht über die nächste Fußgängerbrücke links zu überqueren (km 2,8). Nun geht es auf einer Gasse geradeaus durch Ausläufer des Rotlichtviertels mit entsprechenden Läden.

Vor der nächsten Gracht wenden Sie sich nach links, laufen nach 200 m beim Hotel Le Grand (links) rechts über die Fußgängerbrücke und weiter geradeaus durch die Gasse (Enge Lombardsteeg). Bei der ersten Kreuzung biegen Sie links ab und folgen der schmalen Radstraße bis zum Ende (Nes), wo Sie wieder links gehen (Grimburgwal). Nach der zweiten Brücke halten Sie sich kurz links, um nach 20 m rechts den Durchgang durch das Gebäude zu nehmen, wo Antiquariate alte Bücher anbieten. Nach dem Ausgang laufen Sie vor der Gracht rechts (Kloveniersburgwal) und nach 70 m links über (zwei) Ziehbrücken. Nach der zweiten Ziehbrücke halten Sie sich rechts, links neben der Gracht, vorbei an ⛼ Bänken mit Sicht auf Gracht und Giebelhäuser.

Bei der nächsten Brücke gehen Sie rechts auf das große Gebäude zu: das **Muziektheater**, auch **Stopera** genannt, das 1980 bis 1986 von dem österreichischen Architekten Wilhelm Holzbauer für Opern-, Ballett- und Musiktheateraufführungen gebaut wurde. Sie umgehen dieses Gebäude rechts, links neben der Gracht.

↳ Abstecher zum Waterlooplein-Flohmarkt (➲ 0,2 km zusätzlich):

Wenn Sie Flohmarktfan sind, empfiehlt sich ein Abstecher zum bekannten Waterlooplein-Markt, wo fast ausschließlich kommerzielle Händler alte Sachen anbieten. Nach der Brücke gehen Sie links, an den ersten Ständen vorbei, und umrunden das Muziektheater links statt rechts, über den großen Platz (Waterlooplein). Am Ende des Platzes gehen Sie rechts und über die Brücke bzw. weiter ab km 4,3.

Hinter dem Muziektheater queren Sie rechts neben der Hauptstraße auf der Brücke die Amstel und gehen danach links weiter (Amstel), um nach 30 m rechts abzubiegen (Herengracht) und die erste rechts abzweigende Straße mit einem Arkadengang rechts zu nehmen. Nach 70 m laufen Sie schräg links über den Rembrandtplein und auf der anderen Seite rechts von der Trambahnlinie rechts in die Radstraße (Halvemaansteeg). An deren Ende halten Sie sich links und wandern auf dem Fußweg direkt am Ufer der Amstel. Bei der Kreuzung vor dem Turm links queren Sie mehrere Straße und folgen hinter dem Turm der Gracht am linken Ufer, durch den bekannten Blumenmarkt von Amsterdam – schon seit Jahrzehnten ein „Hotspot" des Tourismus. Die nächsten 200 m sind bei dem Gedränge nur im Bummeltempo möglich. Am Ende des Blumenmarktes gehen Sie rechts über die Brücke und weiter geradeaus durch die Fußgängerstraße, die Sie bei der zweiten Straße nach links verlassen (Voetboogstraat), eine Nebengasse parallel zu der rechts verlaufenden Hauptfußgängerstraße Kalverstraat.

Nach 100 m queren Sie einen größeren Platz (Spui) und gehen weiter geradeaus durch die Gasse mit dem **Beginenhof** (*Begijnhof*) links, einer ruhigen Oase inmitten des quirligen Amsterdam, in dem früher alleinstehende Frauen erstmals ohne Obhut der Kirche lebten, mitten im Ort, aber durch die Anordnung der Gebäude und früher auch Gewässer räumlich getrennt. Der Beginenhof in Amsterdam geht auf das spätere Mittelalter zurück (13. Jh.) und wird heute noch von rund 100 Frauen bewohnt.

100 m nach dem Beginenhof führt die Gasse durch einen (frei zugänglichen) Teil des **Amsterdam-Museums**.

⌘ Amsterdam Museum, Nieuwezijds Voorburgwal 359, ☏ 02 05 23 18 22, 💻 www.amsterdammuseum.nl/de, 🚪 täglich 10:00 bis 17:00, Eintritt € 12,50, Eingang rechts. Das 1999 modernisierte ehemalige Historische Museum beleuchtet interaktiv die Entwicklung von Amsterdam und zeigt dabei einen Teil der mehr als 80.000 Objekte der Museumssammlung.

Am Ende des Durchgangs kommt noch ein weiterer, ehe Sie der Fußgängerstraße nach rechts folgen, die Sie zur Haupteinkaufsstraße Kalverstraat führt. Dort gehen Sie links durch das Gedränge zum Platz Dam, benannt nach einem im 13. Jh. errichteten Damm im Fluss Amstel. Am Dam spazieren Sie geradeaus und biegen vor dem großen gotischen Kirchengebäude (Nieuwe Kerk, seit 1975 ein Kulturzentrum) nach links ab, auf den Eingang vom Einkaufszentrum Magna Plaza zu, einem Einkaufszentrum in einem früheren Postgebäude neogotischen Stils. Hier gehen Sie nach links und folgen danach der Hauptstraße nach rechts. Nach der dritten Brücke (über die Keizersgracht) gehen Sie links oder rechts an der Westerkerk vorbei und dahinter rechts. Menschenmassen deuten auf eine weitere Sehenswürdigkeit hin: das mit Glasfassaden verkleidete **Anne-Frank-Haus**.

⌘ Anne-Frank-Haus, Prinsengracht 267, ☏ 02 05 56 71 05, 💻 www.annefrank.org/de, 🚪 April bis Oktober täglich 9:00 bis 22:00, sonst bis 19:00, Eintritt € 9. ✋ Wegen des großen Andranges kann das Museum von 9:00 bis 15:30 nur mit einem Online-Ticket (zzgl. € 0,50) mit einem Zeitfenster besucht werden!

Vom Anne-Frank-Haus folgen Sie für 10 Min. der Gracht nordwärts.

☺ Schöner zum Gehen ist die linke Seite, vorbei am Tulpen- und Käsemuseum.

Hinter dem Noordermarkt (Sa Biomarkt) nehmen Sie rechts die Brücke und gehen geradeaus, dann über die erste Brücke nach links und dahinter rechts, links neben der Gracht. 30 m nach einer Linkskurve biegen Sie über die Brücke rechts ab und folgen danach der Fußgängerstraße mit breitem gastronomischen Angebot geradeaus. Bei der Kreuzung mit einer Straße gehen Sie geradeaus und nach 100 m vor dem „Wine & Liquor Store“ links (Schild: Centraal Station, Touristinfo). Am Ende der Gasse folgen Sie der Hauptstraße nach links und queren diese nach 70 m über die Ampel. Durch das Verkehrschaos mit Fußgänger, Radfahrern und Tram steuern Sie geradeaus wieder das Bahnhofsgebäude an.

5 Rundwanderung bei Holysloot in Waterland

Tour für Naturfreunde

Waterland ist ein beliebtes Naherholungsgebiet vor den Toren von Amsterdam. Der Name ist Programm: Die Region ist von Wasser geprägt – sei es die Küste zum IJsselmeer, seien es die vielen Gräben, die das mehrere Meter unter dem Meeresspiegel liegende Waterland entwässern. Diese Wanderung führt an der Küste entlang und über Wiesen. Ausgangsort ist das einsam gelegene Holysloot. Amsterdam mit seinem pulsierenden Großstadtleben ist nah, aber doch fern.

Start/Ziel: Parkplatz/Bushaltestelle am Ortsanfang von Holysloot, GPS N 52°24.789' E 005°01.545'

5,8 km

2 Std.

20 m/20 m

-4 bis 1 m

stellenweise rot-weiße Markierungen und gelber sowie roter Pfeil

Rastplätze mit Tischen/Bänken am Ortsausgang von Holysloot (km 0,6) sowie am Deich (leider landseitig) bei km 2,5, km 2,8 und km 4

Einkehrgelegenheit am Start/Ziel in Holysloot

Für Kinder ist der Weg geeignet: nicht zu lang und neben viel Wasser.

Wegen des schmalen und gelegentlich feuchten Grasweges sowie einiger (weniger) kleiner Bretterbrücken ist die Wanderung für Buggys eher nicht geeignet.

Hunde dürfen nicht mit, sie sind auf den Wiesen bzw. landwirtschaftlichen Flächen verboten (auch angeleint).

P Parkplatz am Ortsanfang von Holysloot (gratis), GPS N 52°24.789' E 005°01.545'

Die Bushaltestelle in Holysloot ist Endehaltepunkt der Buslinie 30 der GVB, die Mo bis Fr im Stundentakt mit Kleinbussen ab Amsterdam-Nord bedient wird (ab Haltestelle Buikslootermeerplein, zu erreichen von Amsterdam Centraal in 15 Min. mit GVB-Bus 32). Fahrpreis ca. € 3,60, www.gvb.nl

Vor allem im ersten Drittel kann der Weg stellenweise feucht sein, daher sind wasserfeste Wanderstiefel empfohlen!

Vom Parkplatz bzw. der Haltestelle Holysloot gehen Sie in Fahrtrichtung weiter bis zur T-Kreuzung hinter dem Restaurant Het Schoolhuis (☞ unten) und

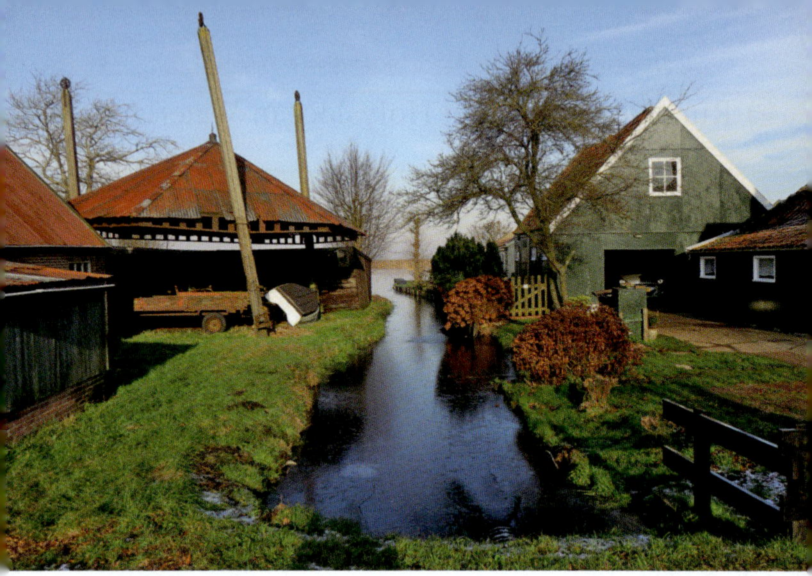

Holysloot in Waterland

folgen dort der kleinen Straße nach rechts durch das Reihendorf mit seinen Holzhäusern und vielen Entwässerungskanälen.

150 m nach dem Ende der Bebauung bzw. 50 m nach ⩨ zwei Tischen mit Bänken (km 0,6) gehen Sie bei dem Haus mit der Nr. 63 (linke Seite) geradeaus, aber nicht auf dem breiten Weg (Sackgassenschild), sondern links davon durch das Gatter (rot-weiß, roter und violetter Pfeil, Zuiderzeepad). Der Pfad führt nach 30 m durch eine Rechtskurve und danach zwischen Graben (links) und Elektrozaun (rechts) Richtung Deich. Bis dahin müssen zahlreiche Kanäle gequert werden, wobei jeweils wenige Bretter als Brücke dienen. Nach den Querungen ändert sich gelegentlich die Gehrichtung, Sie folgen immer dem ausgetretenen (und gelegentlich markierten) schmalen Graspfad rechts vom Kanal. ✋ Bei einer Bretterbrücke rechts neben einem (dem zweiten) Metallgatter (km 1,6) halten Sie sich rechts und folgen dem Grasweg jetzt links vom Wassergraben, zunächst in Richtung Südsüdost auf den Hof zu, um dann dem Pfad wieder im Zickzack über die Wiesen zu folgen, links neben dem Graben.

Bei einem Metallgatter auf der rechten Seite (km 2) halten Sie sich etwas links, um nach 50 m wieder rechts zu gehen, auf den Deich zu und weiter links neben dem Graben. Kurz darauf verlassen Sie die landwirtschaftlichen Flächen und wandern auf einem Holzsteg (km 2,2) durch die Schilfzone des Teichs (Barnegat) und weiter auf dem Grasweg am Ufer mit Schilf entlang.

Schließlich queren Sie die Straße und bewältigen beim Anstieg auf den Deich die meisten Höhenmeter der Tour. Oben folgen Sie beim Wander-Knotenpunkt 83 (km 2,4) dem schmalen Deichweg nach rechts (Richtung 84, roter Pfeil). Der Deichweg ist auch als Radweg ausgewiesen, seien Sie daher vorsichtig und nehmen Sie Rücksicht!

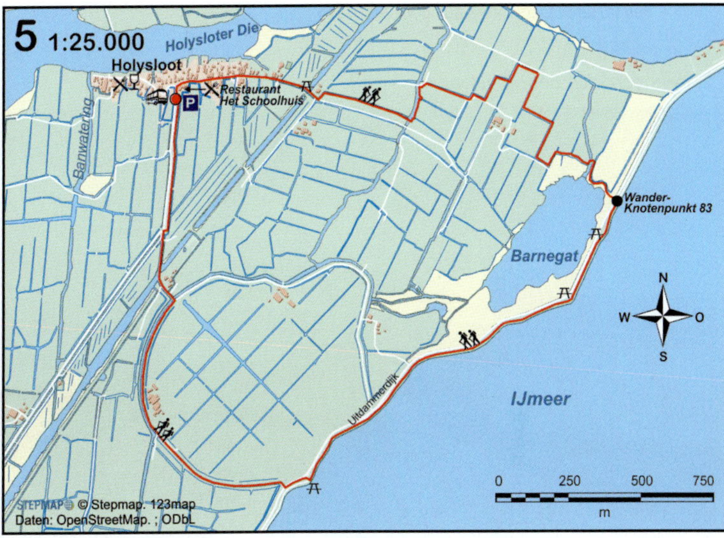

Der Deichweg führt an einigen Rastplätzen vorbei, aber leider stehen die Tische und Bänke jeweils unten landseitig, d. h. ohne Seeblick.

Bei einem Pfahl mit Beschriftung „33 Noordzeedijk" und dem dritten Rastplatz (km 3,9) bzw. 5 Min. nach der Abzweigung eines Radweges verlassen Sie den Deich und folgen der Straße bei Tisch und Bank nach links, um nach 80 m durch ein Holzgatter zu gehen und den Grasweg auf dem Damm rechts neben einem Kanal landeinwärts zu nehmen (Schild: Goudriaanroute Holysloot). Bei einem Hof mit einem Gatter (km 4,6) gehen Sie über den Zaunübergang und weiter auf dem Zufahrtsweg (rot-weiß sowie gelber und roter Pfeil). Bei einer Gabelung mit einer Sackgasse geradeaus (km 5,1) wenden Sie sich nach rechts (rot-weiß, gelber und roter Pfeil) und folgen der Straße bzw. nach 250 m dem Radweg rechts daneben geradeaus nach Holysloot, wo Sie beim Startpunkt mit Parkplatz, Bushaltestelle und Einkehrgelegenheit herauskommen.

✕ Het Schoolhuis, Dorpsstraat Holysloot 38, ☎ 02 04 90 44 14, www.schoolhuisholysloot.nl, Mi bis So 11:00 bis 24:00, Essen im Wohnhaus des früheren Dorflehrers aus dem Jahr 1875

IJsselmeerdeich bei Holysloot

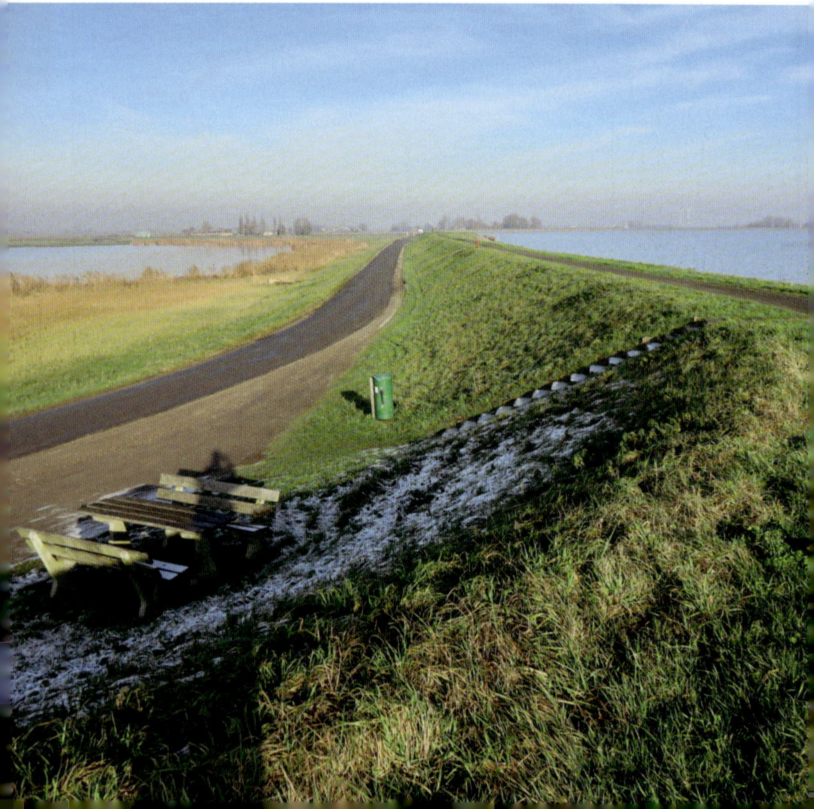

❻ Rundwanderung bei Broek in Waterland

Tour für Naturfreunde

Hauptort von Waterland ist das idyllische und für seine Holzhäuser bekannte Broek mit gerade mal 2.000 Einwohnern, Start- und Zielpunkt dieser Rundwanderung. Die Tour führt durch das südlich von Broek gelegene Naturreservat Volgermeer, früher eine der größten Mülldeponien des Landes, und natürlich durch den Ort selbst, der in seiner Blütezeit im 18. Jh. als „reichstes und schönstes Dorf“ Hollands international bekannt war.

Start/Ziel: Bushaltestelle/Hauptstraße in Broek in Waterland, GPS N 52°26.030' E 004°59.874', oder am NSG Volgermeer bei km 4,7, GPS N 52°25.466' E 004°59.496'

7,6 km

2 Std. 30 Min.

30 m/30 m

-7 bis 3 m

stellenweise rot-weiße Markierungen sowie grüner, gelber und blauer Pfeil

Sitzbänke im Naturschutzgebiet Volgermeer bei km 3,6, km 3,9 und km 4,9 sowie bei der Uferpromenade in Broek bei km 6,5

Einkehrgelegenheiten in Broek

kleine Läden in Broek in Waterland nahe dem Start/Ziel

Für Kinder geeignet, wenn sie naturinteressiert sind.

Für Buggys geeignet, sofern Sie damit auch über Gras fahren können. Schwierigkeiten könnten auch die (wenigen) Holzbohlenwege verursachen.

Hunde können mit, müssen aber großteils angeleint sein (Schutzgebiet), auch wenn sich ersichtlich viele Vierbeiner bzw. deren Herrchen/Frauchen nicht daran halten ...

P Parkplätze in Broek bei km 6,3, GPS N 52°26.136' E 004°59.787', sowie am NSG Volgermeer bei km 4,7, GPS N 52°26.136' E 004°59.787' (jeweils gratis)

Die Bushaltestelle im Zentrum wird mind. alle 10 Min. von den Bussen 312, 314 und 316 von EBS Richtung Edam/Volendam bedient, ab Amsterdam Centraal (15 Min.), Fahrpreis € 5, www.9292.nl.

Von der Bushaltestelle in Broek in Waterland gehen Sie gegen die Fahrtrichtung des Busses zurück zur Straßenunterführung. Dort beginnt die Wanderung

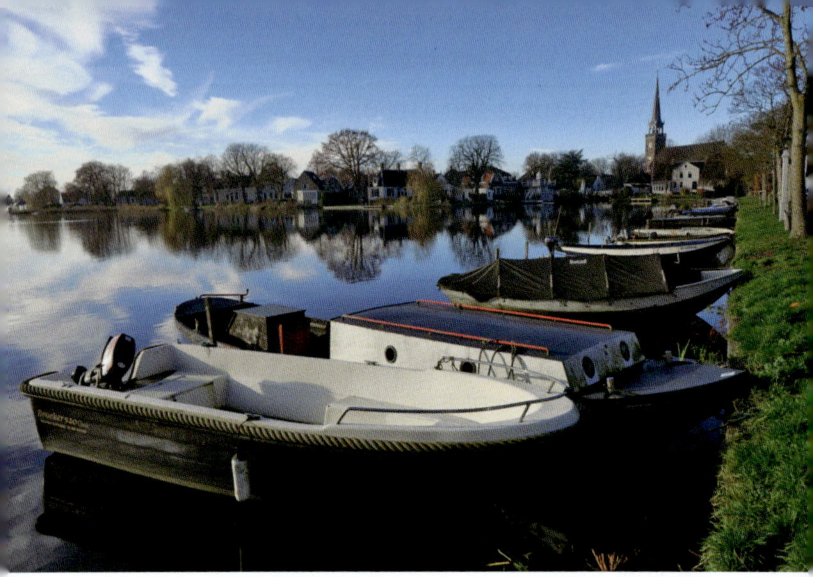

Het Havenrak bei Broek in Waterland

auf dem Radweg aufwärts in südliche Richtung. Dann wandern Sie links über die Ziehbrücke und dahinter bei der Kreuzung vor dem Atelier-Lunchcafé Elly Koot (unten) geradeaus in die schmale Gasse mit Holzhäusern (rot-weiß), der Sie geradeaus folgen, Abzweigungen ignorierend.

Nach 100 m passieren Sie einen kleinen Laden Typ Tante Emma.

70 m nach dem Laden halten Sie sich bei einer Gabelung rechts (Radwegeschild) und gehen über eine Brücke, um nach weiteren 70 m bei einer T-Kreuzung links und gleich danach wieder links (Hage Weer) abzubiegen. Nach 10 m wechseln Sie rechts in die kleine Gasse, die links neben dem Kanal verläuft, und nehmen nach 70 m vor der kleinen Brücke links den Fußweg, links neben einem Kanal (grüner Pfeil).

Nach 100 m gehen Sie bei einer Brücke geradeaus bzw. leicht links versetzt, weiter links neben dem Wasserlauf (grüner Pfeil) und nach 70 m beim Spielplatz rechts über die Brücke (grüner Pfeil). Sie queren den sehr kleinen Sportplatz (km 0,6). Auf der anderen Seite passieren Sie das weiße Gatter und folgen danach rechts dem Grasweg zwischen Wassergräben (grüner Pfeil).

Kurz vor einer Straße geht es über eine sehr schmale (Bretter-)Brücke und dahinter bei Knotenpunkt 66 (km 1,2) links an der kleinen Straße entlang (gelber Pfeil), die Sie nach 50 m wieder verlassen, um bei der Kreuzung rechts in die Straße mit dem Sackgassenschild abzubiegen (gelber Pfeil). Wenn der Asphalt endet (bei Haus Nr. 3), laufen Sie geradeaus weiter auf dem Feldweg bis zu einem kleinen P Parkplatz (km 2,1). Hier gehen Sie rechts am Schlagbaum vorbei, der den Zugang zum Naturreservat Volgermeer markiert, in dem Hunde angeleint sein müssen. Weiter geht es links auf dem Spurweg.

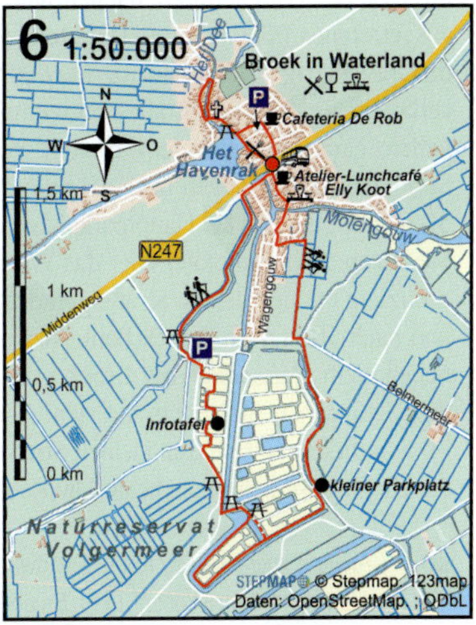

Nach 500 m (km 2,6) ist nach rechts eine Abkürzung möglich (➲ 0,7 km kürzer), die Sie nach 150 m wieder auf die Route führt (bei km 3,5). Der (lohnende) reguläre Weg führt geradeaus weiter, immer rechts neben dem Kanal (gelber Pfeil), der kurz darauf eine Schleife macht.

Volgermeer – von Vietnamgiftdeponie zum Vogelparadies

In den Mooren bei Broek in Waterland blühte von 1920 bis 1955 der Abbau von Torf, damals ein wichtiger Brennstoff. Die so entstandenen Gruben wurden ab 1927 bis zu 5 m über dem Wasserpegel mit Bauschutt und Müll aus Amsterdam aufgefüllt – bis 1980 der erste große Giftmüllskandal des Landes die Anwohner alarmierte: Auf einer Fläche von rund 100 ha südlich von Broek wurden mehr als 10.000 Fässer mit teils dioxinhaltigem Müll entdeckt, darunter das Vietnamgift „Agent Orange“. Die Komplettsanierung erschien unbezahlbar, stattdessen wurde das Gebiet für € 100 Mio. „experimentell saniert“, indem der Boden zwischen 2005 und 2011 mit 2 mm dicker (dünner) Folie und Erdschichten abgedeckt und darauf ein „Pseudo-Naturreservat“ eingerichtet wurde. www.volgermeer.nl

Schließlich stoßen Sie wieder auf den geschotterten Spurweg der Abkürzung (km 3,5) und folgen diesem nach links (gelber und blauer Pfeil). Nach 30 m gehen Sie wieder links, vorbei an einer Bank und auf Betonplatten über den

Wassergraben, um danach dem Radweg nach rechts zu folgen. ✋ Nach 100 m nehmen Sie links den breiten Fußweg mit Kiesbelag (gelber Pfeil) bzw. rechts oberhalb davon den schmaleren Weg, vorbei an einer weiteren Bank.

200 m nach der Bank (km 4,1) folgen Sie dem schmalen Fußweg nach rechts im Zickzack zwischen den Teichen hindurch. Im Zweifelsfall geht es immer den ausgetretenen (Kies-)Weg entlang, tendenziell in nördliche Richtung. Abzweigende Graswege ignorieren Sie. ✋ Kurz vor den ersten Häusern von Broek (km 4,6) verlassen Sie nahe der Straße den rechts (nordwärts) abzweigenden Kiesweg und gehen geradeaus auf dem breiten Weg auf dem kleinen Damm Richtung Straße/Parkplatz, biegen nach 50 m in den breiten Weg ab und halten sich nach 30 m links, um den **P** Hauptparkplatz vom Naturreservat zu erreichen (km 4,7). Sie laufen an der Infotafel über das Wandelnetwerk Laag-Holland vorbei, bei der Kreuzung mit der kleinen Straße geradeaus, gleich danach rechts auf den Radweg und nach 50 m nach der Bank links über die Brücke (km 5), um dem Radweg neben dem Wasserlauf bis Broek zu folgen. Vor der Hauptstraße bei Broek (km 5,8) gehen Sie rechts auf dem Radweg Richtung Broekerhaven und nach 70 m auf der gepflasterten kleinen Straße geradeaus (grüner Pfeil), bis Sie wieder die Ziehbrücke beim Lunchcafé Elly Koot erreichen.

☕ Atelier-Lunchcafé Elly Koot, Eilandweg 5a, ☏ 02 04 03 19 93, www.atelierellykoot.nl, Fr, Sa und So 10:00-18:00. Kaffee, Kuchen und Kunst in einem Atelier mit Terrasse, außerdem Infos zur Umgebung und Wanderungen

Über die Brücke geht es links wieder zum Ausgangspunkt, der Bushaltestelle (km 6,1).

🚌 Busse 312, 314 und 316, ☞ oben. Von der vorderen (südlichen) Seite fahren die Busse Richtung Edam/Volendam, von der hinteren (nördlichen) Seite nach Amsterdam.

Sie können die Tour hier abbrechen, aber wenn man schon in Broek ist, ist eine Runde durch das Dorf (➲ 1,5 km) fast ein „Muss“, bei dem auch mehrere Einkehrgelegenheiten passiert werden:

Nach der Unterführung halten Sie sich rechts und gleich danach links (Burgermeester Raul-Plantsoen), vorbei an einem Obst-/Gemüseladen. Sie gehen geradeaus bis zu einem **P** Parkplatz (km 6,3) mit einem Warenhaus rechts und einer Einkehrgelegenheit links:

✗ Cafeteria De Rob, ☏ 02 04 03 14 69, 💻 www.cafetariaderob.nl, Di bis So 11:00 bis 20:00

Weiter geht es links über den Parkplatz und an dessen Ende auf dem Radweg an der Schule vorbei (blauer und roter Pfeil).

Nach 100 m erreichen Sie die Prachtpromenade von Broek vor dem Gewässer (Het Havenrak) mit Bänken, der Sie nach rechts folgen. Vor der Kirche (km 6,6) gehen Sie etwas links, links an ihr vorbei und nach 70 m, vor der Brücke, rechts in die Gasse (Schild: Het Broeke Huis, max. 5 t). Dieser Gasse folgen Sie bis zur Brücke nach links über den Kanal (km 6,9), gehen dort hinüber und links wieder auf der anderen Seite des Kanals zurück. Nach 150 m queren Sie links den Kanal über die Brücke vor der Kirche und laufen sich rechts haltend wieder zum Promenadenweg, dem Sie bis zum Ende folgen (km 7,4). Danach gehen Sie auf der Dorpsstraat geradeaus in südöstliche Richtung bis zur Hauptstraße mit der Bushaltestelle. Dabei passieren Sie zur Linken ein nettes Pannekoekenhuis:

✗ De Witte Swaen, Dorpsstraat 11-13, ☏ 02 04 03 15 25, 💻 www.dewitteswaen.nl, täglich 12:00 bis 21:00, 60 Sorten Pfannkuchen in einem alten Gasthofgebäude von 1624

Volgermeer im Süden von Broek in Waterland

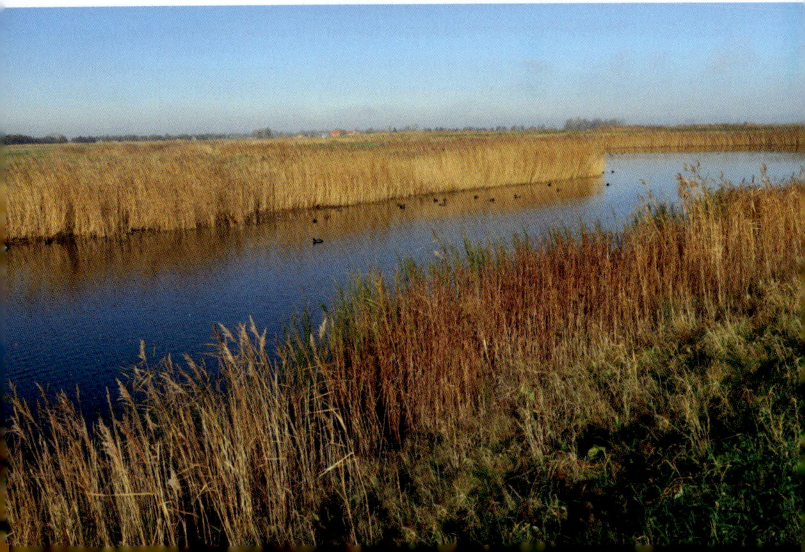

7 Rundwanderung am Naardermeer

Tour für Naturfreunde

Das südwestlich vom IJsselmeer gelegene Naardermeer ist als ältestes niederländisches Naturreservat beliebt bei Naturbeobachtern. Die Rundwanderung beginnt in Naarden-Bussum und führt weiträumig rund um den Binnenflachsee – überwiegend durch offene Wiesenlandschaft. Blicke auf den See bieten kurze Passagen der Strecke sowie Abstecher zu (ornithologischen) Beobachtungspunkten. Optional lässt sich statt der Rundwanderung auch eine Streckenwanderung nach Weesp unternehmen.

- Start/Ziel: Bahnhof in Naarden-Bussum, GPS N 52°16.852' E 005°09.478', oder Infozentrum Stadzigt (km 1,9), GPS N 52°17.532' E 005°08.557'
- 18,7 km
- 5 Std.
- 100 m/100 m
- -4 bis 5 m
- stellenweise rot-weiße Markierungen, grüner und blauer Pfeil
- Der Rundweg wird von vielen Bänken, oft auch mit Tisch, gesäumt, zwischen km 2,7 und km 5,3 sowie zwischen km 10,2 und km 17,1.
- Einkehrgelegenheiten im Infozentrum bei km 1,9 sowie nach dem Fort Uitermeer (km 9,8)
- Supermärkte im Ortszentrum in Bahnhofsnähe, aber nicht direkt entlang der Strecke
- Für Kinder nur geeignet, wenn sie naturinteressiert sind und sich von längeren geraden Strecken nicht abschrecken lassen.
- Für Buggys bedingt geeignet, falls Sie damit auch über Gras gehen können. Schwierigkeiten können auch die (wenigen) Holzbohlenwege verursachen. Über zwei (sehr kurze) Brücken muss der Buggy getragen werden.
- Hunde können mit, müssen aber großteils angeleint sein (Schutzgebiet).
- P Es gibt einen (gebührenpflichtigen) Parkplatz in Naarden-Bussum am Bahnhof: Q-Park P+R Slochterenlaan (€ 0,80 pro Stunde und € 6,50 pro Tag). Gratis parken können Sie am Infozentrum Stadzigt, Meerkade 2 (km 1,9, GPS N 52°17.532' E 005°08.557'), oder beim Fort Uitermeer (km 10,2, GPS N 52°17.520' E 005°05.039').
- Der Bahnhof Naarden-Bussum zwischen Amersfoort und Amsterdam wird jeweils 4 x pro Stunde in beide Richtungen bedient (*stoptrein*), Fahrpreis jeweils ca. € 4,80. www.ns.nl

Wegen einiger nasser Stellen und des manchmal feuchten Grases bei den Wiesenwegen sind wasserfeste (bzw. gut imprägnierte) Schuhe angeraten.

Vom Bahnhofsvorplatz folgen Sie der Straße (Albrechtlaan) in nördliche Richtung nach links, gehen bei der Kreuzung mit der Comeniuslaan nach 170 m leicht rechts versetzt geradeaus und bei der Gabelung nach 40 m (rechts ein Einbahnstraßenschild) links und weiter geradeaus, kurzzeitig auch auf dem Radweg (gelbes Schild: Naardemeer). Bei einem parkähnlichen Platz (km 0,8) laufen Sie nach rechts, vorbei an einem Trafokasten, und am Ende des Platzes gleich wieder nach links, rechts neben einem Teich. Dieser Straße (Graf Willem Oudelaan) folgen Sie immer geradeaus, auch bei einer Kreuzung mit Hochhaus, und schließlich aus

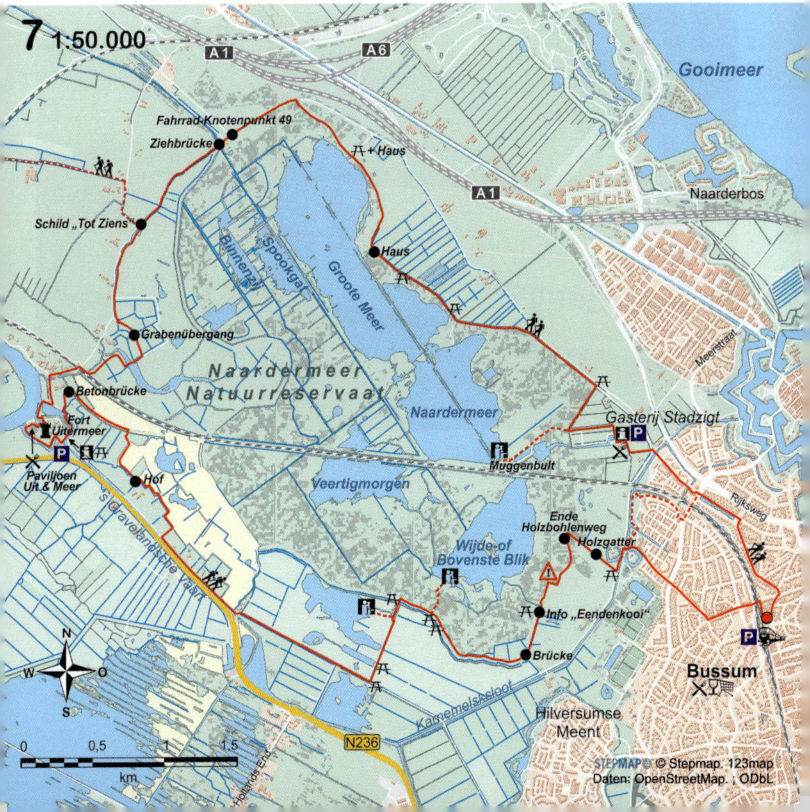

dem Ort heraus. Nach einer Brücke am Ortsende (km 1,5) gehen Sie bei einem gelben Pfahl halb links, durch ein Holzgatter (Schild: Wandelaars Stadzigt). Dieser kleine asphaltierte Fußweg führt Sie auf einem kleinen Damm zum Infozentrum (km 1,9).

Gasterij Stadzigt, ☏ 03 56 94 83 83, www.gasterijstadzigt.nl, im Sommer (April bis November) Mo bis Mi 10:00 bis 18:00 und Do bis So 10:00 bis 21:00, im Winter (November bis April) Di bis Mi 10:00 bis 17:00 und Do bis So 10:00 bis 20:00

P Parkplatz rechts vom Infozentrum (gratis)

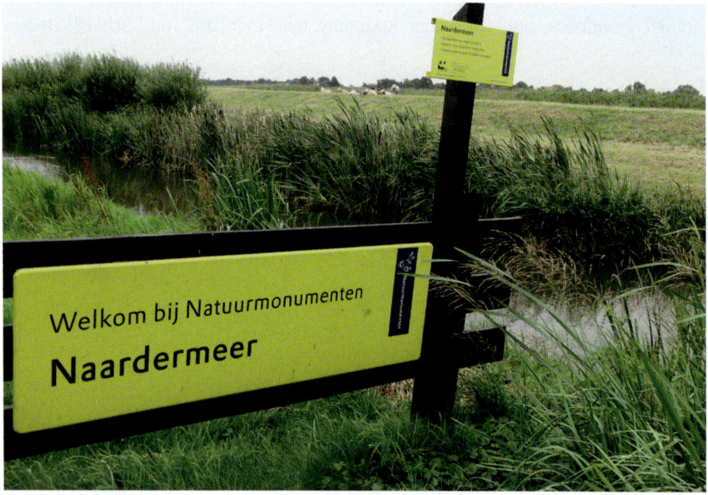

Natuurmonumenten-Schutzgebiet Naardermeer

Naardermeer – Geburtsort des niederländischen Naturschutzes

Das Gebiet rund um das Naardermeer wurde 1905 von der Stadt Amsterdam gekauft, um dort eine städtische Mülldeponie anzulegen. Mehrere Naturfreunde protestierten erfolgreich, was zur Gründung des ersten niederländischen Naturreservats führte. Aus der von Jac Pieter Thijsse angeführten Widerstandsbewegung gegen die Mülldeponie heraus entstand schließlich die niederländische Naturschutzorganisation „Natuurmonumenten“, als dessen Gründer Thijsse gilt.

Sie folgen dem Weg rechts am Infozentrum vorbei (rechts liegt der Parkplatz) und kurz darauf nach rechts, in nördliche (später westliche) Richtung (Rondje Naardermeer 19 km, Uitzichspunt muggenboldt 800 m), durch ein Gatter und wieder auf einem kleinen asphaltierten Weg über einen Damm. Beim Ende des Asphalts (km 2,4) wandern Sie auf dem Grasweg nach rechts (Rondje Naardermeer 19 km, grün).

Abstecher zum Aussichtspunkt Muggenbult (➲ 2 x 0,5 km, angegeben sind 200 m):

Für einen Abstecher zum Aussichtspunkt Muggenbult gehen Sie nach links und denselben Weg wieder zurück. Am Ende haben Sie einen schönen Blick und eine Sitzgelegenheit. Aber der Punkt macht seinem Namen alle Ehre: *muggenbult* steht für „Mückenstich" – die Blutsauger schätzen vor allem im Spätsommer den Flachwasserbereich.

20 m nach Tisch und Bank (km 2,7) gehen Sie bei der T-Kreuzung nach links und folgen dem asphaltierten Spurweg auf dem Damm. Anfangs verläuft rechts von Ihnen noch eine Straße, ehe der Dammweg etwas nach rechts abzweigt und durch lichten Wald am Westufer des Naardermeers entlangführt, das Sie aber nur an wenigen Punkten zu Gesicht bekommen, an denen Bänke zur Pause einladen.

Nach einer kleinen Brücke (km 5,9) erreichen Sie im Norden des Naardermeers eine kleine Asphaltstraße (Meerkade) und folgen dieser nach links.

Bei dem Fahrrad-Knotenpunkt 49 (km 6,4) gehen Sie geradeaus (rot-weiß, Verkehrsverbotsschild), über eine Ziehbrücke und danach weiter geradeaus auf dem Radweg (rot-weiß). Vor einer Straße und dem Schild „Tot Ziens" (km 7,4) nehmen Sie den Weg links durch das Holzgatter und folgen erst dem Fußweg am Damm (blauer Pfeil, rot-weiß) und nach 10 Min. dem Spurweg nach links (km 8,1).

Variante nach Weesp (➲ 4,7 km):

Sie bevorzugen eine Streckenwanderung? Dann wäre an dieser Stelle der Weiterweg nach Weesp möglich, der großteils über Radwege führt. Bei dem Schild „Tot Ziens" nehmen Sie die rechts abzweigende Straße (Keverdijk), die Sie nach 400 m links auf den Radweg verlassen. Diesem folgen Sie ein langes Stück (2,4 km), wobei Sie die Bahnlinie queren. Vor dem Fluss Vecht erreichen Sie eine kleine Straße und folgen ihr nach links, am südlichen Flussufer entlang. 200 m nach einer weiteren Bahnquerung geht es rechts auf der Brücke über die Vecht und links vorbei an der alten Festungsanlage Torrenfort aan de Ossenmarkt, die heute kulturellen Zwecken dient. Danach queren Sie einen weiteren Vechtarm und wandern die Hoogstraat entlang nach rechts. 120 m nach einer weiteren Brücke und vor der Einmündung in eine größere Straße folgen Sie dem Radweg nach links (Richtung Station), hinüber über die Straße (Stationsweg) und vorbei am Parkplatz zum Bahnhof von Weesp.

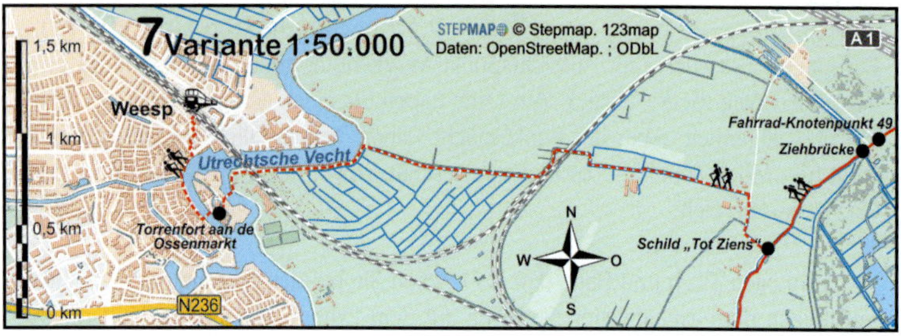

150 m nach der Querung eines Grabens biegen Sie links in den Spurweg ein. Wiederum 150 m nach der Querung eines weiteren Grabens folgen Sie dem Spurweg durch die Rechtskurve (km 8,4) und danach geradeaus auf Gras (später gelbe Schilder), um kurz darauf auf einer Holzbrücke einen Wasserarm zu überqueren. 50 m nach der Brücke folgen Sie dem Weg bzw. blauen Pfeil nach rechts. Vor der Bahnlinie passieren Sie ein Gatter und gehen links auf der Straße über den beschrankten Bahnübergang (km 9) und weiter geradeaus, um nach 200 m bei der T-Kreuzung der Straße nach links zu folgen (Fort Uitermeer). Nach 200 m biegen Sie in der Linkskurve der Straße bei einem Holzbalken nach rechts auf den Grasweg ab (Schild: Uitermeer), der nach 70 m links über eine Brücke führt und nach 200 m das Fort Uitermeer mit einer Infotafel erreicht (km 9,7).

Fort Uitermeer – Vecht-Festungsanlage an der Wasserlinie

Das im 17. Jh. erbaute und kürzlich restaurierte **Fort Uitermeer** sollte den Landübergang zwischen dem Naardermeer und der Vecht sowie die in der Nähe liegende Schleuse schützen, die im Eroberungsfall hätte geöffnet werden sollen, um den Feind zu „ertränken" – wie im 80-jährigen Krieg mit den spanischen Besatzern in Holland passiert. Dies wird auch als „Inundierung", als künstlich herbeigeführtes Hochwasser, bezeichnet.

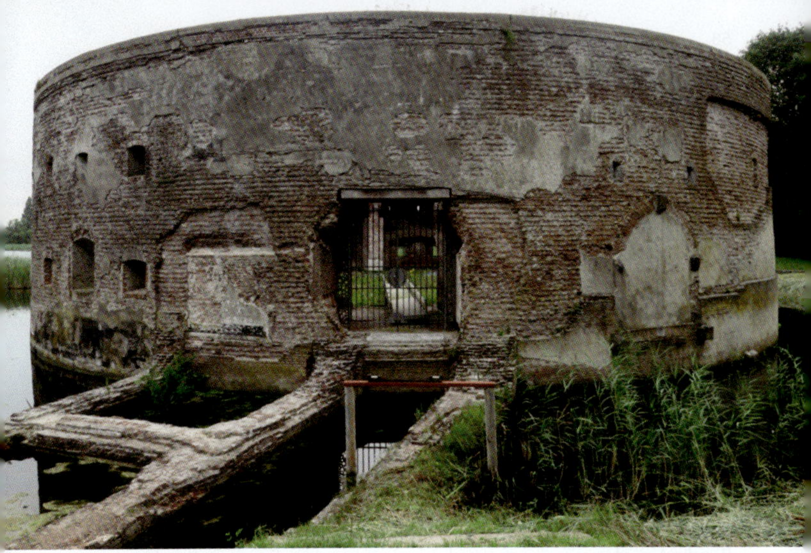

Fort Uitermeer

Damit war das Fort eines von 46 entlang der **Neuen Holländischen Wasserlinie**, die im unruhigen 19. Jh. östlich und südlich der holländischen Provinzen angelegt wurde, um auf einer Länge von 85 km und einer Breite von rund 4 km wichtige Städte zu schützen. Beim Vorgänger, der **Holländischen Wasserlinie** im 16. Jh., befand sich an der Stelle des Forts anfangs eine Schanze (Wall) zum Schutz der Schleuse und ab dem 17. Jh. das jetzige Fort, das aber die preußische Invasion 1787 nicht verhindern konnte.

Sie folgen dem Weg rechts, links am Fort vorbei zu einer Einkehrgelegenheit:

✕ Paviljoen Uit & Meer, Uitermeer 5, ☏ 02 94 41 69 73, www.restaurantuitenmeer.nl, Fr, Sa und So 11:00 bis 16:00, im Sommer auch länger, nette Lage direkt am Seeufer

Sie gehen links an dem Lokal vorbei und umrunden den südlichen Teil der künstlich angelegten Festungshalbinsel am Ufer. Beim Tor stoßen Sie auf die Zufahrtsstraße und folgen ihr nach rechts, die Festung im Rücken. Nach 80 m biegen Sie bei der T-Kreuzung mit der Straße nach links ab (blauer Pfeil, gelb) – rechts liegt ein neuer **P** Parkplatz – und passieren eine Infotafel zum

„Waterliniepad" und Tisch und Bank. Die Straße führt auf einer Ziehbrücke über den im 17. Jh. gegrabenen Kanal 's Gravelandsche Vaart und durch eine Linkskurve. 30 m nach der Linkskurve gehen Sie rechts durch ein Gatter (km 10,5), folgen dem Grasweg (Waterliniepad, gelb, blauer Pfeil) und halten sich nach 200 m nach der Betonbrücke rechts, erst auf Beton, später auf Gras. Der Weg führt ein längeres Stück etwas monoton durch eine Wiesenlandschaft im Osten vom Naardermeer.

Bei einem Hof (km 11,6) halten Sie sich links (gelb, blauer Pfeil) und nach 500 m rechts, zur kleinen Straße (geradeaus ist gesperrt). Dieser Straße (Kreugerlaan) folgen Sie nach links auf einem Damm links neben dem Kanal 's Gravelandsche Vaart. Der Weg verengt sich nach 500 m zu einem Radweg, der weiter asphaltiert über den Damm führt. Nach 200 m ignorieren Sie die Brücke zur Rechten (km 12,9) und folgen dem Weg leicht links und dann rechts und weiter schnurstracks geradeaus links von einem Graben in südöstliche Richtung. Bei einem Radstellplatz (km 14) gehen Sie links durch das Gatter, vorbei an Tisch und Bank, und folgen dem Grasweg jetzt wieder Richtung Naardermeer (u. a. Rondje Naardermeer, Laarzenpad 3 km). Nach einer Brücke halten Sie sich etwas rechts und wandern in derselben Richtung wie vorher weiter.

Nach der Brücke ist nach links ein 2 x 150 m langer Abstecher zu einem Beobachtungsturm möglich (Observatiescherm 200 m). Die Aussicht ist ganz nett, v. a. für Ornithologen, der Beobachtungsstand aus verrostetem Stahl eher schmucklos.

Kurz vor dem Wald (km 14,6) balancieren Sie über zwei schmale Brücken, passieren Tisch und Bank und folgen dem Weg rechts am Waldrand entlang (gelb, blauer Pfeil).

Nach 250 m ist nach links wieder ein (2 x 250 m langer) Abstecher zu einem (ornithologischen) Beobachtungspunkt möglich, der über einen schmalen Holzsteg führt.

Weiter geht es am Waldrand entlang, vorbei an Tisch und Bank und nach dem Wald über eine Brücke bis zu einem leicht erhöhten Rastplatz (km 16) mit Tisch und Bank und einer Infotafel über den Vogelfang in Vogelkojen, von denen es einst fünf rund um das Naardermeer gab (*eendenkooi* = „Lockvogel").

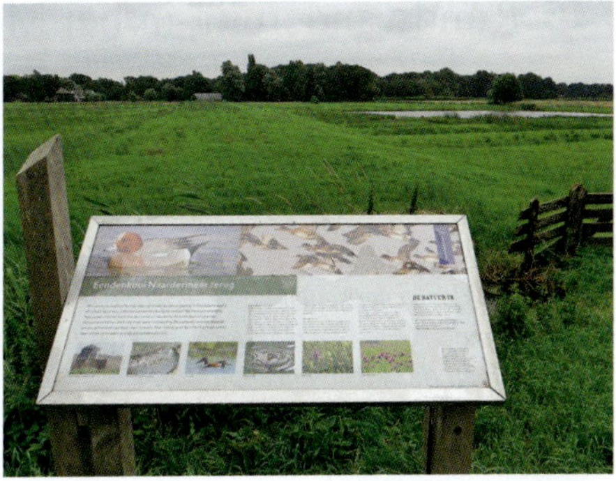

Infotafel Vogelkoje

Von dort folgen Sie dem Holzbohlenweg in nördliche Richtung – Vorsicht, einige Bretter waren 2016 stark vermodert! Etwa 50 m nach dem Ende des Holzbohlenwegs halten Sie sich vor einer Holzschranke rechts (km 16,7) und folgen dem Weg geradeaus in südöstliche Richtung. Nach einem Holzgatter geht es geradeaus weiter auf dem Grasweg, bis Sie kurz nach einem Tisch mit Bank am Ortsbeginn von Bussum eine asphaltierte Straße erreichen (km 17,1), der Sie nach links folgen. Nach 100 m gehen Sie rechts über die Brücke und wandern geradeaus auf der Straße Verlengde Fotlaan durch das Wohngebiet.

Direkter Weg zum Infozentrum (1,7 statt 2,4 km):

Falls Sie Ihr Auto beim Infozentrum geparkt haben, empfiehlt sich dieser kürzere und schönere Weg: Nach der Brücke biegen Sie links ab, folgen dem Fußweg geradeaus und gehen nach 100 m erneut über eine Brücke und auf dem Fußweg weiter links. Sie bleiben auf dem Weg am Kanal und halten sich so weit links wie möglich, d. h., Sie ignorieren rechts abzweigende Wege. Nach 0,6 km erreichen Sie eine Straße (Vroedschap), folgen ihr 40 m nach links, biegen dann links ab und gehen über den Parkplatz rechts an der Schule (Comeniusschool) vorbei. Anschließend halten Sie sich auf der großen Straße links bzw. auf dem Radweg auf der linken Seite, queren die Bahnstrecke und biegen nach links in die zweite Straße ein, die Graaf Willem de Oudelaan, der Sie geradeaus folgen. Ab hier sind Sie wieder auf der zuvor beschriebenen Route (ab etwa km 1,2).

Nach etwas weniger als 15 Min. biegen Sie links in den Zwarteweg (km 18,1) – das ist die dritte Straße links nach der Querung der Hauptstraße, zu erkennen an der gepflasterten Kreuzungsmitte. Dieser führt Sie zur Bahnstrecke bzw. über einen Bahnübergang. Hinter diesem geht es nach rechts zum Bahnhof mit dem Parkplatz davor.

8 Rundwanderung in/bei Medemblik

WC

Tour für Wasser- und Kulturfreunde

Das 7.000 Einwohner zählende Medemblik ist einer der beliebtesten Urlaubsorte am IJsselmeer mit großem Jachthafen. Südlich von dem einladenden Hafenstädtchen mit der malerischen Festung lädt ein netter Küstenabschnitt mit Badestellen zum Wandern ein. Die beschriebene Rundwanderung führt sowohl durch den Ort als auch an der Küste entlang.

Start/Ziel: (Bus-)Bahnhof Medemblik mit Parkplatz, GPS N 52°46.427' E 005°06.297'

7,5 km

2 Std.

40 m/40 m

-3 bis 5 m

stellenweise rot-weiße Markierung, Straßenschilder

zahlreiche Rastplätze/Sitzbänke, besonders nett mit Blick auf die Hafeneinfahrt bei km 6,1

Einkehrgelegenheiten in Medemblik

Supermarkt und weitere Läden in Medemblik

WC WC nahe dem Wendepunkt (km 4,1, in der Badesaison)

Badestellen Vlietsingel bei km 2,4 und km 4,6

Der Weg ist für Kinder gut geeignet: nicht zu lang, teilweise direkt am Wasser mit Badestellen, Burg.

Für Buggys geeignet, wenn Sie auf verfestigtem Kiesboden und Muschelschalenweg damit zurechtkommen.

Hunde können (angeleint) mit.

P Es gibt mehrere Parkplätze, etwa am Bahnhof, GPS N 52°46.427' E 005°06.297', oder in Ufernähe beim Hafen bei km 5,5, GPS N52°46.152' E 005°06.985' (zeitlich unbegrenzt). Diese und weitere Parkplätze in Medemblik sind gratis, allerdings ist das Parken im Zentrum (Nieuwstraat und Bagijnhof) auf 1 Std. 30 Min. begrenzt.

Die Buslinie 239 verkehrt Mo bis Fr halbstündlich und am Wochenende stündlich zwischen Hoorn und Medemblik, einfache Fahrt ca. € 5. www.9292.nl

Museumsbahn zwischen Hoorn und Medemblik, Anfang April bis Ende Oktober täglich außer Mo ab Hoorn 10:40, ab Medemblik 13:20, in den Sommermonaten auch öfter, Fahrtdauer: 1 Std. 20 Min., Fahrpreis einfach € 12,70, retour € 21,50, www.stoomtram.nl/de

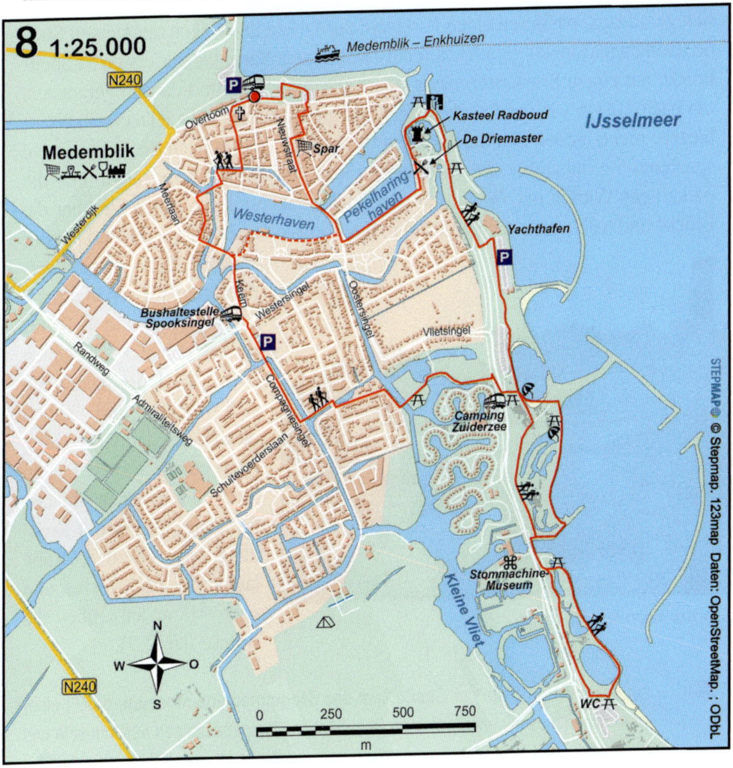

Den (Bus-)Bahnhof im Rücken gehen Sie rechts in westliche Richtung, links am Bussteig vorbei. Auf Höhe der Kirche (Bonifaciuskerk) halten Sie sich links und nehmen den Durchgang unter dem Kirchturm, um danach der Straße geradeaus zu folgen. Nach der Brücke gehen Sie rechts in die Einbahnstraße (km 0,3), links vom Kanal, und biegen bei der folgenden T-Kreuzung mit einer weiteren Kirche rechts (bzw. kurz vorher) links in die Ridderstraat, die Sie nach 50 m nach rechts verlassen (hinter dem Parkplatz), um auf der lang gestreckten Fußgängerbrücke den Kanal zu überqueren. Danach biegen Sie links in die Burgermeester Schoutenstraat und folgen dieser bis zu einer größeren Straße (Meerlaan), auf der Sie links gehen, kurz nacheinander über drei Brücken und an der Bushaltestelle Spooksingel vorbei (km 1). Beim Kreisverkehr nach der Bushaltestelle halten Sie sich geradeaus, passieren einen Parkplatz zur Linken und folgen der kleinen Straße (Compagniesingel) geradeaus rechts neben dem Kanal bis zur ersten Straßenbrücke mit einem Briefkasten davor. Dort gehen Sie links und danach geradeaus, um nach 100 m vor der Schule rechts und gleich danach links (Hazewaal) abzubiegen, rechts neben dem teichartigen Wasserlauf. 100 m nach der Rechtskurve spazieren Sie links über die Fußgängerbrücke und danach geradeaus durch die parkartigen Wiesen mit ⊼ Bänken (Admiraalspad). Am Ende laufen Sie über die Brücke und halb rechts auf den Damm, um dort die Straße zu queren und auf der anderen Seite zum Rastplatz mit ⊼ Tisch und Bank und dem Weg und Badestellen dahinter zu gehen (km 2,4). Dort halten Sie sich rechts und gleich danach bei der T-Kreuzung noch einmal rechts. Folgen Sie dem Kiesweg in südliche Richtung. Bei der T-Kreuzung links vor der Straße laufen Sie nach rechts und nach 10 m links über die Brücke (km 2,9).

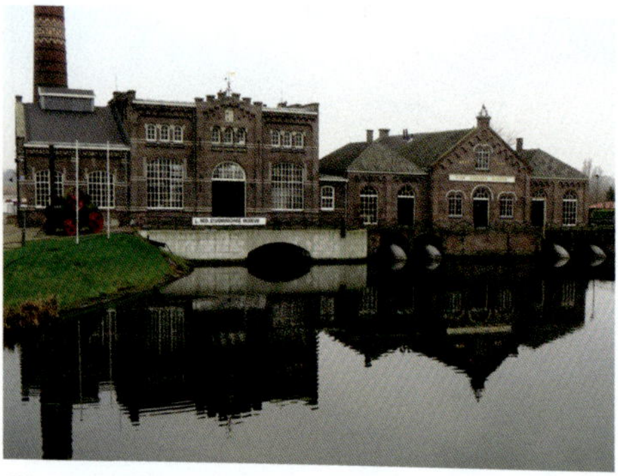

Stoommachine-Museum

⌘ Auf der anderen Seite der Straße liegt das **Stoommachine-Museum**, das in einer ehemaligen maschinengetriebenen Pumpstation Dampfmaschinen aus Industrie und Schifffahrt zeigt. Die Entwässerungspumpe wurden statt wie früher mit Wind mit Dampfmaschinen betrieben, nachdem der Wind bei der Landhöhe von 3,5 m unter dem Meeresspiegel nicht mehr ausreichte. www.stoommachinemuseum.nl, Di bis So 10:00 bis 17:00, Eintritt € 7

50 m nach der Brücke halten Sie sich beim Schlagbaum links und gleich danach vor der Infotafel rechts. Der mit Muschelschalen belegte Weg führt zwischen Schilf (links) und dem Radweg (rechts) in südliche Richtung.

Vor einem größeren Parkplatz erreichen Sie den Wendepunkt (km 3,5) und folgen dem Weg nach links Richtung Küste, vorbei an den (oft verschlossenen) WCs sowie ⊼ Tisch und Bank und weiter durch die Linkskurve. Es folgt der schönste Wegabschnitt – direkt am Ufer der Zuiderzee entlang wandern Sie wieder nordwärts. Nach ⛼ Tisch und Bank (km 4,1) wandern Sie auf dem Weg durch die Linkskurve landeinwärts, rechts wieder über die Brücke beim Stoommachine-Museum und danach wieder nach rechts, weiter direkt am Ufer entlang (rot-weiß) bis zum ⛼ Tisch mit Bank (km 4,6) und mehreren Strandbereichen. Sie halten sich links, gehen auf dem Weg oder über den Strand und erreichen wieder den Rastplatz, wo Sie über den Straßendamm gekommen sind (bei km 2,4). Hier folgen Sie dem Weg geradeaus nordwärts Richtung Medemblik und erreichen nach 500 m (km 5,5) einen P Parkplatz vor dem Jachthafen. Hier orientieren Sie sich nach links und setzen den Weg nordwärts auf dem etwas links gelegenen Deich fort (rot-weiß), auf dessen Krone ein breiter asphaltierter Weg verläuft.

Vor dem Kasteel Radboud bleiben Sie bei der Bank auf dem asphaltierten Weg, um die Burg auf diesem zu umrunden. Nach 50 m bietet der rechts verlaufende Pfad schöne Blicke auf das Meer mit drei ⛼ Bänken am nördlichen Scheitelpunkt (km 6,1).

Kasteel Radboud in Medemblik

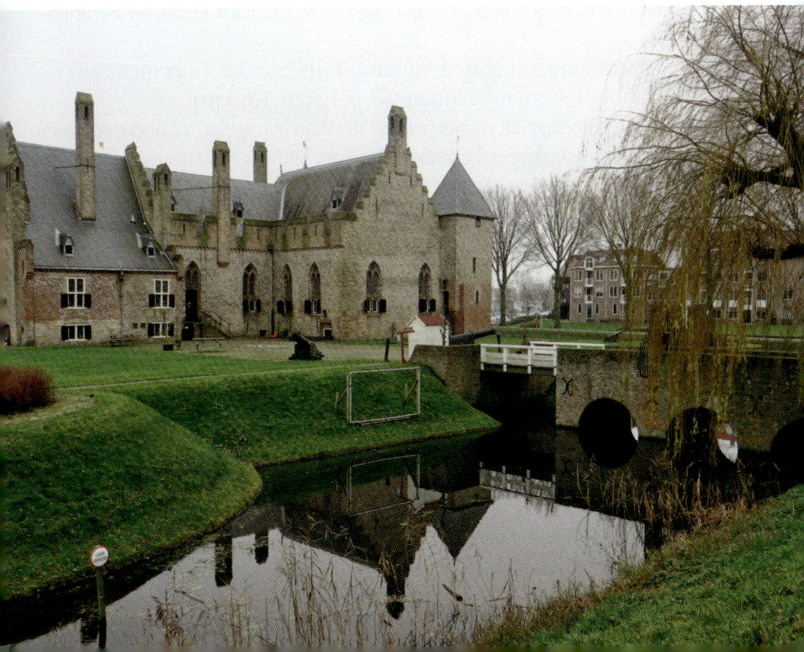

Kasteel Radboud

Das Kasteel Radboud wurde im 13. Jh. von Graf Floris V. als Festung errichtet und verfiel nach dem 17. Jh. als ungenutzte Immobilie. Höhepunkte bei einem Besuch sind der prächtige Rittersaal, die Waffenkammer, das Gefängnis sowie Ausstellungen über Westfriesland, den Alltag im Mittelalter, den Ort und die Burg.

♦ www.kasteelradboud.nl, Juli und August täglich 11:00 bis 17:00, sonst nur am Wochenende 11:00 bis 17:00, Eintritt € 6

An den drei Bänken folgen Sie dem Weg etwas nach links, zwischen Kastell (links) und der Hafeneinfahrt (rechts). Weiter geht es am Südufer des Hafens entlang, nach 250 m vorbei an einer Einkehrgelegenheit:

De Driemaster, Pekelharinghaven 49, ☏ 02 27 54 30 20, www.restaurantdedriemaster.nl, täglich ab 16:00, in der Wintersaison täglich außer Di ab 17:00, Restaurant/Café mit netter Dachterrasse

Bei einer Kreuzung (km 6,7) folgen Sie der Straße nach rechts ins Zentrum.

Abkürzung am Hafen entlang, falls Sie die Tour nicht am Bahnhof starten/beenden (➲ 0,4 statt 1,6 km):

Wenn Sie auf das Zentrum verzichten und die Wanderung dort nicht enden lassen wollen, ist der Weiterweg auf einem Fußweg am Südufer des Hafens entlang eine mögliche Alternative. Dazu folgen Sie bei der Kreuzung mit der Straße geradeaus leicht rechts versetzt dem Fußweg am Hafenrand entlang. Sie halten sich immer so weit rechts wie möglich und erreichen nach 400 m die größere Straße Meerlaan, der Sie nach links folgen (km 0,8 der Wanderung).

Nach der Brücke laufen Sie geradeaus durch die Haupteinkaufsstraße, um 50 m nach dem Spar-Supermarkt den nach rechts abzweigenden Fußweg zu nehmen (Paardensteeg). An dessen Ende gehen Sie nach links, dann nach rechts und schließlich wieder nach links (Bangert), über die Straße und auf den Parkplatz. Diesen queren Sie halb links und wandern auf dem Fußweg über die Gleise der Museumsbahn hinüber und danach links auf den Deich mit Blick auf das IJsselmeer mit einem Windrad.

Gleich danach geht es links auf der Treppe hinunter, wieder über die Gleise und zum Bahnhof, dem Startpunkt der Tour.

9 Rundwanderung in/bei Enkhuizen

Tour für Kulturfreunde

Das an der Westküste des IJsselmeers gelegene Enkhuizen war im 17. Jh. eine bedeutende Hafen- und Handelsstadt – vor allem für Hering –, als die Schiffe nach Amsterdam noch durch die Zuiderzee segelten. Heute ist das durch sein Freilichtmuseum bekannte Enkhuizen mit seinem weitläufigen Hafen ein touristischer Anziehungspunkt. Die Wanderung verläuft entlang der Küste über einen Deich und den alten Stadtwall. Am Anfang und Ende der Tour geht es durch Enkhuizen mit seinem Hafen und den Grachten und natürlich am Freilichtmuseum vorbei.

Start/Ziel: Bahnhof Enkhuizen, GPS N 52°41.978' E 005°17.314', optional Parkplatz im Zentrum (bei km 6,4), GPS N 52°42.156' E 005°17.220'

7,1 km

2 Std.

35 m/35 m

-1 bis 6 m

gute Markierung/Beschilderung: Wanderwegenetz mit Knotenpunkten sowie roter Pfeil auf gelbem Grund

Sitzbänke im Hafen (km 0,8) und Park (km 5,1) von Enkhuizen sowie an der Badestelle Enkhuizensand (km 2)

viele Einkehrgelegenheiten in Enkhuizen

Läden in Enkhuizen

Badestelle Enkhuizensand bei km 2

Für Kinder ist der Weg gut geeignet: abwechslungsreich und direkt am Wasser, außerdem nicht zu lang. Ein Höhepunkt ist der Freizeitpark Spookjeswonderland bei km 4,4.

Für Buggys bedingt geeignet, wenn Sie auf verfestigtem Kiesboden damit zurechtkommen. Alternativ nehmen Sie etwas weiter landeinwärts den Radweg.

Hunde können mit, sollten im Ort sowie im Naturareal aber angeleint sein. Die Grünflächen am Fluss sind ausdrücklich als *losloopgebied* gekennzeichnet, wo freier Auslauf möglich ist.

P Parkplatz am Bahnhof, GPSN 52°41.978' E 005°17.314', oder nahe der Westerkerk bei km 6,4, GPS N 52°42.156' E 005°17.220'. In Enkhuizen ist das Parken grundsätzlich gratis, aber in blauen Zonen auf 3 Std. begrenzt (Parkscheibe), nur am Bahnhof kann ohne Limit geparkt werden.

Bahnhof Enkhuizen mit halbstündlichen Verbindungen von/nach Amsterdam, Fahrpreis € 11,20, www.ns.nl

Im Sommer gibt es eine Fußgängerfähre zwischen Stavoren und Enkhuizen: Anleger am Bahnhof, 02 28 32 60 06, http://www.veerboot.info/de/, Mai bis September täglich 3 x in beide Richtungen, April und Oktober am Wochenende, Tarife: einfach € 11, retour € 15, für Hunde gratis

Vom Kopfbahnhof gehen Sie zum Hafen, den Sie links umrunden – entweder auf dem schmalen Wallweg oder rechts unterhalb davon direkt am Hafen entlang (u. a. Markierung Groot Frieslandpad). Nach 5 Min. (km 0,4) nehmen Sie hinter dem Gebäude mit dem Havenkantoor (oben) und einem Restaurant den Fußweg nach links auf das Wehrtor namens Drommedaris (1540, im 17. Jh. erhöht) zu und durch dieses hindurch (Seite 28). Nach dem Tor queren Sie die

Enkhuizens Hauptattraktion: Freilichtmuseum

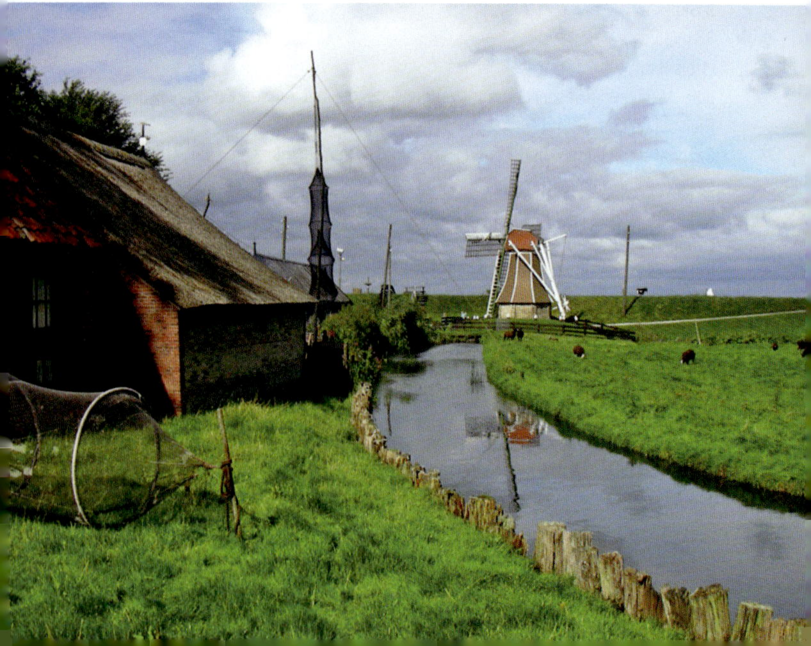

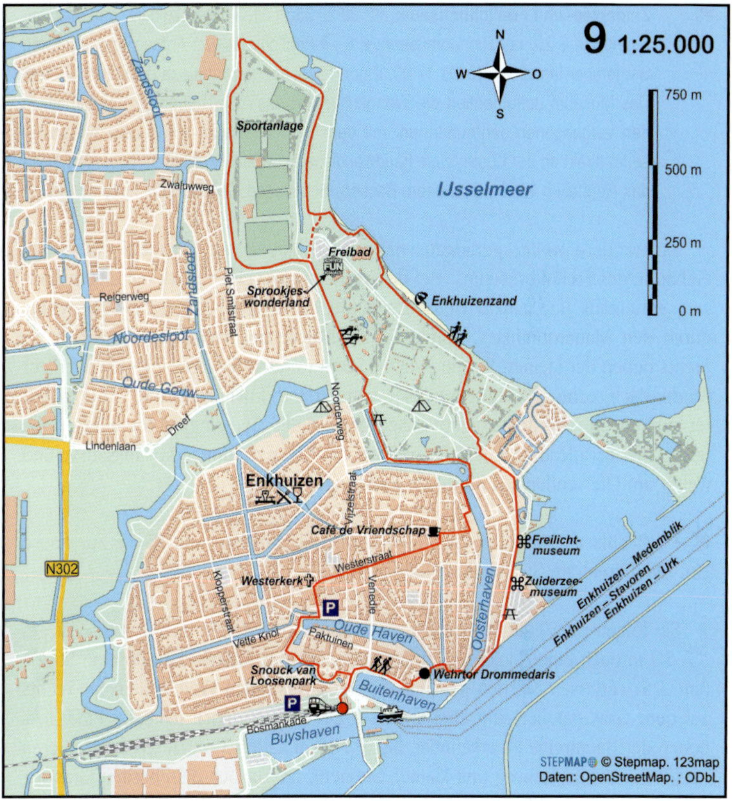

Gracht über eine Ziehbrücke und gehen geradeaus weiter (Zuiderspui), um nach 30 m nach (drei) rot-weißen Pollern rechts in die Straße einzubiegen, dieser durch die Linkskurve zu folgen und beim Café Bok geradeaus über die Ziehbrücke zu wandern. Danach folgen Sie dem Fußweg links, der leicht erhöht direkt neben der Hafenmauer entlangführt (Richtung Zuiderzeemuseum) – mit schönem Blick nach rechts zum IJsselmeer. Kurz nach einer ⩩ Bank passieren Sie das Zuiderzeemuseum: zur Linken das in einem alten Pfefferspeichergebäude untergebrachte Binnenmuseum und nach 100 m zur Rechten das bekannte Freilichtmuseum (km 1,1).

⌘ **Zuiderzee- und Freilichtmuseum**, ☏ 02 28 35 11 11, 💻 www.zuiderzeemuseum.nl, Eintritt ca. € 20, nur Binnenmuseum € 8, Freilichtmuseum Anfang April bis Ende September täglich 10:00 bis 17:00, Binnenmuseum ganzjährig zu denselben Zeiten. Das Museum dokumentiert die Wohnkultur und das Arbeitsleben am IJsselmeer in den vergangenen Jahrhunderten, mit dem Binnenmuseum sowie dem Außenmuseum direkt an der Küste. Viele handwerkliche Aktivitäten werden demonstriert, etwa das Herstellen von Holzschuhen, Backen, Schmieden, Drucken, Dampfwaschen.

Sie wandern weiter geradeaus neben der Mauer, mit Blick auf einige alte Gebäude des Freiluftmuseums. Bei der Kreuzung vor einem Park mit einem Radweg geradeaus und einem Betriebsgelände rechts (km 1,5) gehen Sie rechts durch den Mauerdurchlass, durch die Linkskurve und weiter auf dem Fußweg rechts neben der kleinen Straße. Nach 150 m wenden Sie sich beim Kreisverkehr wieder nach rechts (Richtung Sprookjeswonderland, Enkhuizenzand). 100 m weiter queren Sie vor dem Rezeptionsgebäude eines Campingplatzes eine Straße und gehen geradeaus auf dem Fußweg auf das Meer zu, durch die Linkskurve und weiter am Ufer entlang in nördliche Richtung.

Rechts am Ufer lädt der Enkhuizenzand zum Bad und Bänke zur Pause ein. Direkt am Strand sind Hunde verboten.

Sie folgen dem Uferweg geradeaus und ignorieren links abzweigende Wege. 50 m nach einer Linkskurve bzw. 50 m vor der Einmündung in eine Straße (km 2,5) verlassen Sie den jetzt landeinwärts führenden Weg, indem Sie rechts auf dem Gras parallel zum Ufer gehen – ein ausgetretener schmaler Pfad links neben der Baumreihe ist erkennbar. Nach 100 m halten Sie sich links und queren nach 30 m einen Fußweg (mit kleinen Steinen), um danach dem breiten Grasweg auf dem Damm rechts oberhalb von einem Parkplatz zu folgen.

Abkürzung ohne nördliche Schleife (➲ 1,6 km weniger):

Sie können die Tour abkürzen und auf einen Teil des Weges am Ufer und auf dem Deich verzichten, der eine Sportanlage umrundet. Dazu folgen Sie dem Fußweg mit kleinen Steinen nach links, gehen links unter dem Schlagbaum (der Wohnmobile abhalten soll) bei dem **P** Parkplatz hindurch und wandern auf der Straße aufwärts. Oben auf dem Deich nehmen Sie den Radweg nach links, der auf dem Deich südwärts wieder in den Ort führt. Hier sind Sie wieder auf der „regulären" Route (ab km 4,4).

Der Weg führt Sie durch eine Rechtskurve und danach nordwärts links neben einem Wassergraben weiter, auf dessen anderer Seite mehrere Sportplätze liegen, die Sie umrunden. Am Ende einer Sackgasse (km 3,1) folgen Sie geradeaus dem Weg mit alten Pflastersteinen, rechts neben einem Graben. Am Deich (km 3,4) wandern Sie links (oben) mit Blick auf Wohnviertel (rechts) und Sportplätze (links). Vorsicht; der schmale Weg auf dem Deich ist auch für Radfahrer freigegeben!

Vor dem unten liegenden Parkplatz (zum Freizeit-/Kinderpark Sprookjeswonderland) queren Sie eine Straße (km 4,4) und folgen dem kleinen asphaltierten Radweg rechts weiter auf dem Deich entlang.

Abstecher zum Sprookjeswonderland (➲ 2 x 0,2 km zusätzlich):

Für einen Abstecher zum Sprookjeswonderland können Sie nicht direkt links den Deich hinuntergehen, sondern müssen der kleinen Straße links abwärts und durch die Rechtskurve folgen. Der Eingang befindet sich rechts hinter dem Parkplatz. Das Sprookjeswonderland (wörtlich „Märchenwunderland") ist **die** Attraktion für Kinder und Märchenliebhaber. In dem 1973 gegründeten Park werden Märchen durch bewegliche Puppen und Gebäude aus Märchen und Legenden lebendig, darunter Gullivers Reisen, Baron von Münchhausen, Rattenfänger von Hameln, Pinocchio, Bremer Stadtmusikanten, Rotkäppchen, Schneewittchen und andere Gebrüder-Grimm-Geschichten.

♦ www.sprookjeswonderland.nl, Anfang April bis Ende Oktober täglich 10:00 bis 17:00 oder 18:00, Eintritt ca. € 10

Nach 500 m ignorieren Sie einen links abzweigenden Weg Richtung Enkhuizerzand (km 4,9) und gehen geradeaus rechts neben der alten Festungsmauer weiter. Diese verlassen Sie nach 70 nach einer Linkskurve, indem Sie dem Kiesweg geradeaus folgen und nach 40 m rechts abwärts und gleich danach links durch den Park gehen, links am Kanal entlang. Mehrere Bänke säumen den Weg durch den Park.

Bei einer weißen Brücke wandern Sie auf dem Weg nach links, weiter durch den Park und links neben dem Kanal. Am Parkende folgen Sie der Straße mit dem Zebrastreifen nach rechts und gehen nach 30 m links, rechts neben dem Hafenbecken (Bierkade). Nach 100 m halten Sie sich rechts und nach 30 m links (Zilverstraat). 70 m weiter wenden Sie sich in die erste rechts abzweigende Straße (Barnesteeg). Kurz darauf queren Sie eine Straße und folgen weiter geradeaus der Gasse (Vissteeg), an deren Ende Sie vor dem Café de Vriendschap die Straße nach links nehmen. Nach 40 m rechts biegen Sie in die Fußgängerstraße und folgen dieser bis zum Ende. Am Ende der Fußgängerzone gehen Sie vor der Westerkerk nach links, vorbei an einem P Parkplatz (km 6,4), über eine Brücke und dahinter rechts. Nach 50 m halten Sie sich links, am Hafen entlang, laufen aber nicht nach 30 m links über die Brücke, sondern weiter geradeaus (Waaigat).

Hinter Autostellplätzen biegen Sie in einer Rechtskurve der Straße nach links ab, folgen dem Weg durch den Park (Snouck van Loosenpark) und gehen nach 50 m halb rechts bzw. links neben einem Teich (Schild: Nr. 8-39, 48-51).

Alter Hafen in Enkhuizen

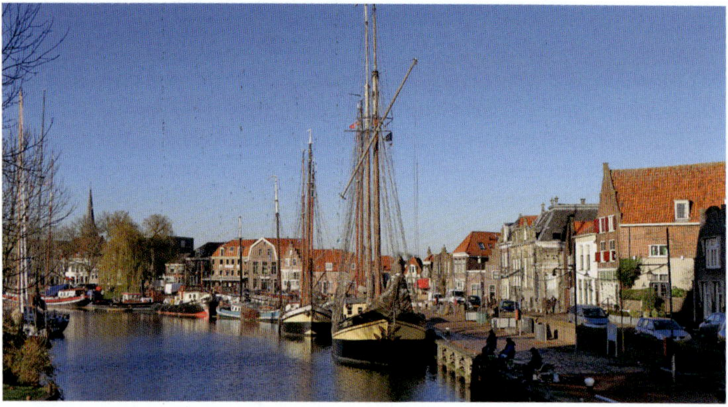

Snouck van Loosenpark – sozialer Wohnungsbau um 1900

Der 2,5 ha große Snouck van Loosenpark wurde 1893 von der Snouck-van-Loosen-Stiftung erworben, um dort 51 Wohnungen mit bezahlbarer Miete für Arbeiter zu erbauen. Damit gilt die Anlage als eines der ältesten sozialen Wohnungsbauprojekte des Landes. Nach finanziellen Probleme der Stiftung ging die Anlage 1977 an die Gemeinde über, die die Häuser später an eine Wohnungsbaugenossenschaft verkaufte (Vestia).

Nach 70 m halten Sie sich bei einer Kreuzung vor einem Mast mit Windfahne halb rechts (Nr. 14-17) und gehen links an einem Rettungsring vorbei. Sie umrunden die mit Häusern bestandene Mitte des Parks zur Hälfte und verlassen den Park durch das Tor, um danach rechts zum Bahnhof zu wandern (bzw. nach links, falls Sie mit dem Auto gekommen sind).

Südholland

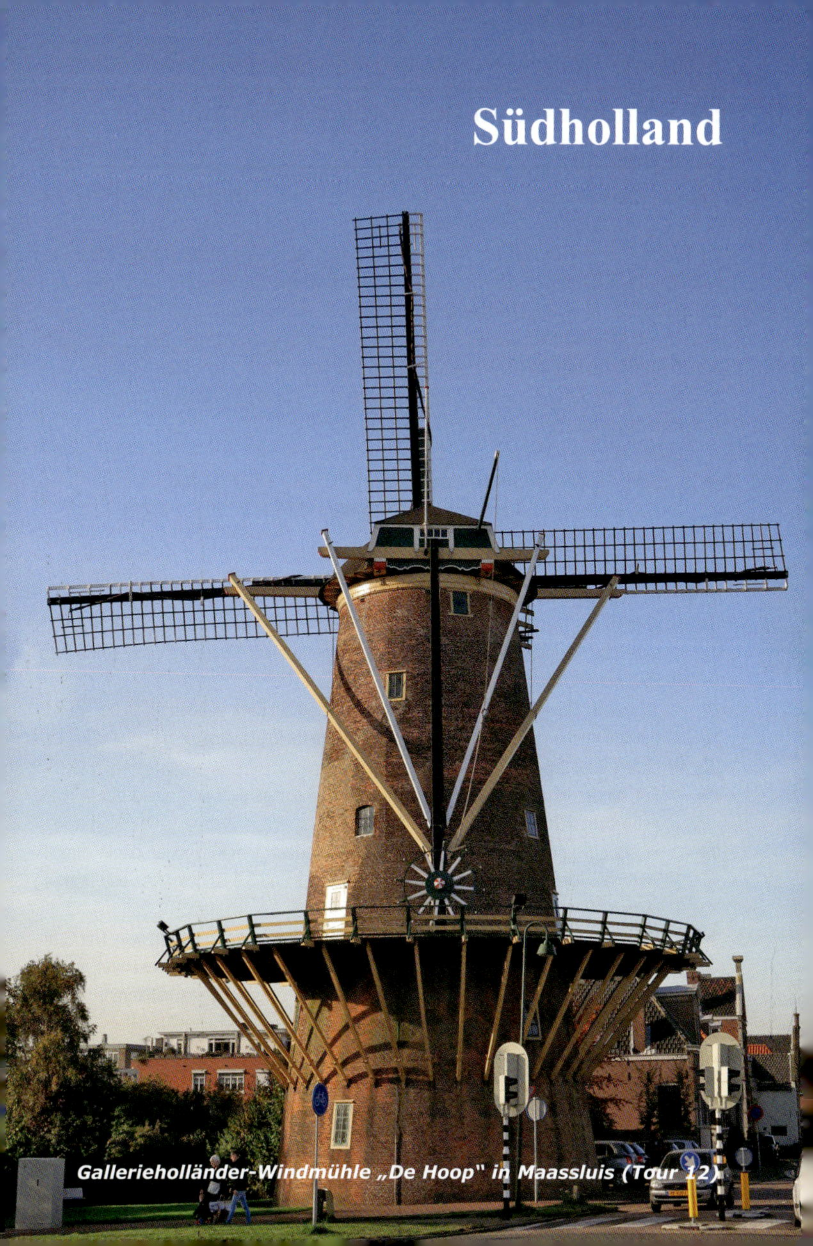

Galerieholländer-Windmühle „De Hoop" in Maassluis (Tour 12)

⑩ Wanderung an der alten Maasmündung südlich von Rotterdam

Tour für Naturfreunde

Im Süden von Rotterdam erstreckt sich entlang der Alten Maas (Oude Maas) ein von Naturschützern angelegter Bruchwald mit vielen Kopfweiden und Fußwegen, die teilweise über Holzbohlenwege führen. Sie wandern überwiegend durch Alleen mit Kopfweiden sowie auf Uferwegen entlang der Alten Maas mit ihrem regen Schiffsverkehr (Frachtschiffe). Der höchste Punkt der Tour ist der Oude Maasheuvel im Süden von Barendrecht, aufgeschichtet aus Abraum eines modernen Wohnviertels.

→ Start: Rhoon, Metro-Haltestelle, GPS N 51°51.550' E 004°25.194';
Ziel: Barendrecht, Tram-Haltestelle Waterkant, GPS N 51°50.722' E 004°30.042'

10,1 km

2 Std. 30 Min.

↑↓ 60 m/60 m

⇧ -3 bis 6 m

gute Markierung/Beschilderung: Wanderwegenetz mit Knotenpunkten sowie roter Pfeil auf gelbem Grund

zahlreiche Rastplätze/Sitzbänke, besonders nett mit Blick auf den Fluss bei km 5,8

Einkehrgelegenheiten in der Nähe vom Ziel im Einkaufszentrum

Läden/Supermärkte am Start und am Ziel

Für Kinder ist der Weg gut geeignet: abwechslungsreich und direkt am Wasser, außerdem nicht zu lang.

Für Buggys bedingt geeignet, wenn Sie auf verfestigtem Kiesboden damit zurechtkommen. Alternativ können Sie zwischen km 1,7 und 3,8 landeinwärts den Radweg nutzen.

Hunde können mit, sollten aber im Ort sowie im Naturareal angeleint sein. Die Grünflächen direkt am Fluss sind ausdrücklich als *losloopgebied* gekennzeichnet, wo freier Auslauf möglich ist. In Tram und Metro dürfen Hunde gratis mitfahren, müssen aber angeleint sein und dürfen nicht auf Sitze.

P Parkplätze am Start in der Debussystraat, GPS N 51°51.516' E 004°25.176', oder in Ufernähe bei den Häfen: Rhoon, km 1,7, GPS N 51° 50.739' E 004°25.419', oder Carnisse Grienden, km 8,8, GPS N 51 °50.446 E°004 29.571' (alle gratis)

Start: Metro-Haltestelle Rhoon (Linie D, ab Rotterdam-Zentrum Richtung De Akkers), Ziel: Tram-(End-)Haltestelle Waterkant bei Carnisseland (Linie 25, alle 15 Min.). Für beide Haltestellen gibt es direkte Verbindungen von RET (Rotterdamse Elektrische Tram) von/nach Rotterdam Centraal, einfache Fahrt € 3, Tageskarte € 7,50, Hunde gratis, www.ret.nl, www.9292.nl. Um vom Ziel nach Rhoon zurückzukommen, fahren Sie mit der Tram-Linie 25 und steigen bei Rotterdam Wihelminaplein in die Metro-Linie D Richtung De Akkers um.

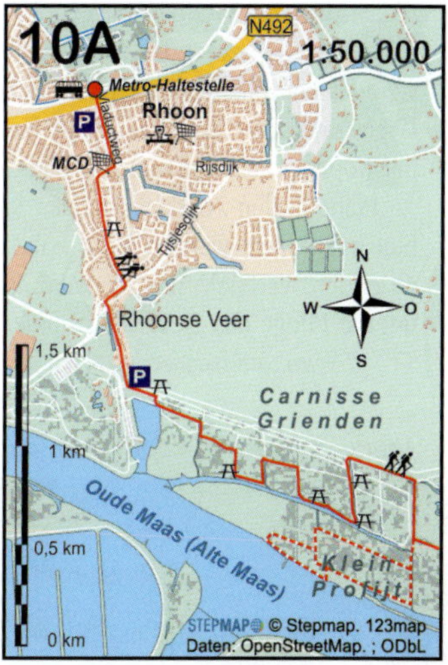

Von der Metrohaltestelle Rhoon kommend folgen Sie der Straße Viaductweg (Überführung) nach rechts Richtung Süden. Kurz hinter dem Bahnhof passieren Sie eine Infotafel zum Wanderwegenetz IJsselmonde (IJsselmündung), das mit Knotenpunkten ausgewiesen ist – nach dem Vorbild der Radwege. Der Bahnhof ist Knotenpunkt 25, Sie gehen zunächst Richtung 69.

Nach 5 Min. passieren Sie zur Rechten ein kleines Einkaufsgebiet, u. a. mit Supermarkt MCD (Mo bis Sa 6:30 bis 21:00), der letzten Einkaufsgelegenheit für diese Tour.

Hinter dem Supermarkt halten Sie sich bei der T-Kreuzung mit Stoppschild rechts und nach 100 m vor einem Maklerbüro links (Wanderschild IJsselmonde sowie Radschild Oude Maas). Nach 30 m folgen Sie dem links parallel zu der Straße verlaufenden Weg (De Nachtegaal), der mit Backsteinen belegt ist.

Bei einer Kreuzung (km 0,8) gehen Sie geradeaus (Radschild Oude Maas) auf der Straße Dorpsdijk weiter, um nach 200 m bei einer weiteren T-Kreuzung rechts zu gehen (Richtung 67), entlang der auf einem Damm verlaufenden Straße und links oberhalb von einer Kirche. Nach 120 m (km 1,2) biegen Sie vor einem Zebrastreifen links in die Straße ab (Havendam, Tempo-30-Schild), die nach 100 m erhöht auf einem Damm gen Süden aus dem Ort herausführt.

Am Ortsende von Rhoon (km 1,6) queren Sie einen Radweg und gehen hinter der Infotafel über die Alte Maas links über den P Parkplatz bzw. auf den Fußweg rechts neben dem Parkplatz. Vor dem Parkplatzende nehmen Sie hinter einer Bank den rechts zum Jachthafen führenden Plattenweg und folgen diesem nach

30 m vor dem Hafen durch die Linkskurve. Weiter geht es geradeaus auf dem alleeartigen Weg, der zwischen Kopfweiden durch einen Bruchwald verläuft. Hunde müssen hier angeleint sein.

Carnisse Grienden – Kopfweiden und Biber

Carnisse Grienden ist ein 30 ha großes Naturschutzgebiet an den Ufern der Alten Maas, das von Sandbänken geprägt wird, die periodisch durch die Gezeitenwirkung mit Süßwasser überschwemmt werden. In diesem sumpfigen Milieu sind viele seltene Pflanzen- und Tierarten zu Hause, etwa Großes Springkraut, Fluss-Greiskraut sowie als zoologische Besonderheit der Biber. Das Gebiet ist großteils mit Kopfweiden bepflanzt, die alle drei Jahre geschnitten werden.

Pläne in den 70er-Jahren, den Sand auszubaggern und hier ein Erholungsgebiet anzulegen, wurden nicht zuletzt durch den Protest der Initiative „Carnisse Grienden" vereitelt, aus der eine Naturschutzgruppe hervorging, die sich heute um die Pflege des Gebietes kümmert und Exkursionen organisiert.

www.carnissegrienden.nl (nur auf Niederländisch)

Uferweg zwischen Kopfweiden an der Alten Maas

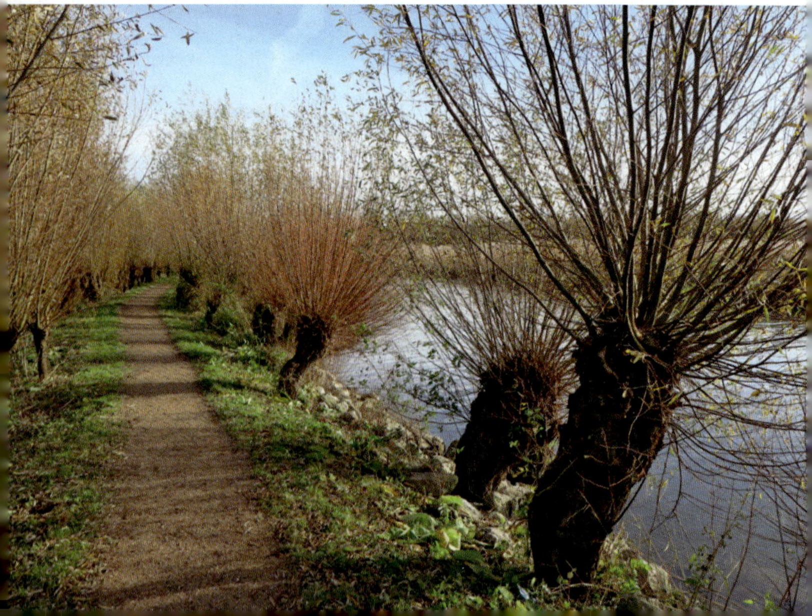

Nach einer Brücke (km 2,1) gehen Sie rechts (roter Pfeil auf gelbem Grund) und nach 250 m zweimal kurz nacheinander rechts (roter Pfeil). Der Weg führt auf der nördlichen Seite der Alten Maas flussaufwärts, macht aber wegen mehrerer (Entwässerungs-)Gräben einige Schwenker ins Hinterland, daher der etwas „eckige" Wegverlauf.

Nach einer Brücke (km 2,8) halten Sie sich rechts und laufen gleich darauf wieder über eine Brücke und danach geradeaus (roter Pfeil) – immer weiter auf alleeartigem Weg zwischen Kopfweiden. Nach 180 m wenden Sie sich nach einer Holzbrücke wieder nach rechts Richtung Ufer und ignorieren alle links abzweigenden Wege. 100 m nach einer ⛼ Bank stoßen Sie auf einen (asphaltierten) Radweg und folgen ihm nach rechts. Der sofort danach rechts abzweigende Fußweg sieht zwar verlockend aus, führt aber nicht weiter am Ufer entlang, sondern nur als Rundweg durch das Gebiet.

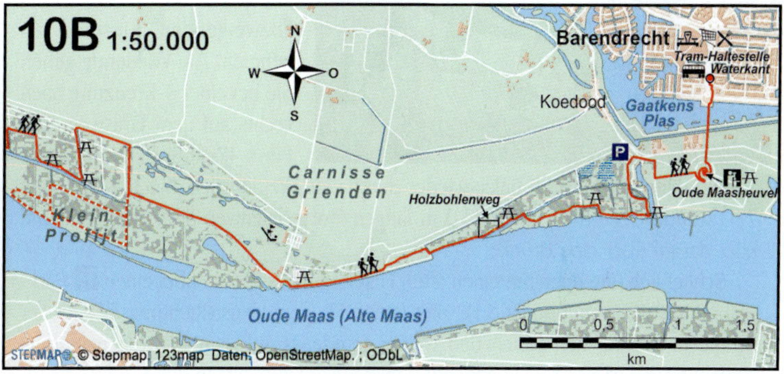

Nach kurzem Anstieg nehmen Sie vor einem Golfplatz (km 4,2) den rechts abzweigenden Fußweg (Richtung Knotenpunkt 55), wandern rechts am Golfplatz vorbei und bei einer Infotafel über Klein Profijt (Knotenpunkt 55) durch die Linkskurve (Richtung Knotenpunkt 22).

↳ Kleine Runde durch Klein Profijt (➲ 2,4 oder 1,8 km):

Das Schutzgebiet Klein Profijt ist mit einem Rundweg erschlossen, der stellenweise auch am Ufer der Maas entlangführt. Der Weg beginnt in der Linkskurve mit der Infotafel (Knotenpunkt 55). Die Richtung ist egal, Sie folgen dem Weg immer möglichst weit nach außen. Nach 0,8 km (egal ob von links oder rechts kommend) ist eine Abkürzung möglich.

30 m nach einem grünen Schuppen und dem Beginn des Asphalts folgen Sie bei einer Kreuzung (Knotenpunkt 22) dem Pfad geradeaus (rot-weiß, roter Pfeil, Richtung Knotenpunkt 29), der nach 50 m als Grasweg direkt am Ufer entlangführt, mit mehreren Sitzbänken (km 5,8). Hunde dürfen in diesem Bereich (Gras am Ufer) frei herumlaufen (*losloopgebied*).

Hundeparadies: „Leine(n) los"

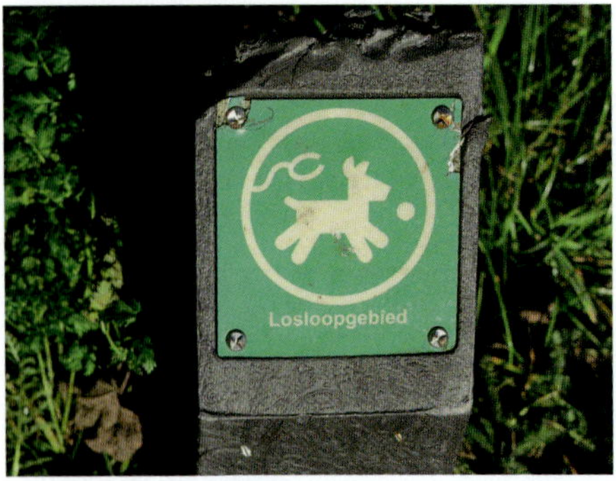

50 m nach einer umzäunten Wasserpumpanlage passieren Sie in der Linkskurve eines Radweges (km 6,4) eine Infotafel zum Wanderwegenetzwerk IJsselmonde (Knotenpunkt 29). Hier folgen Sie kurz dem Radweg nach links, um nach 30 m den rechts abzweigenden Kiespfad zu nehmen. Am Waldende gehen Sie bei einer T-Kreuzung nach rechts auf dem Grasweg zum Fluss (Richtung Knotenpunkt 12) und nach 30 m nach links, wieder durch eine Weidenallee. Nach 5 Min. (km 7,1) wandern Sie über einen 150 m langen Holzbohlenweg direkt am Ufer und kurz darauf über eine Brücke.

Schließlich umgehen Sie einen alten Hafen und passieren dabei einen P Parkplatz (km 8,7, Knotenpunkt 53). Hier laufen Sie geradeaus (Richtung 52) auf der Straße hinauf auf den Deich und weiter geradeaus auf dem Radweg bzw. dem asphaltierten Fußweg rechts daneben, um nach 50 m rechts in den Kiesweg abzubiegen. Nach 100 m folgen Sie dem Kiesweg, der (ebenfalls) über einen Damm führt, und gehen geradeaus auf einen – für niederländische Verhältnisse – hohen Berg zu. Vor diesem halten Sie sich rechts, um nach 70 m den scharf links hinaufführenden Pfad zu nehmen, der spiralförmig nach oben auf den Gipfel führt.

Oude Maasheuvel mit Rundumblick und Sitzgelegenheit (km 9,6, ⇧ 20 m)

Großer Hügel Gaatkensbult

Der 20 m hohe künstliche Hügel *Oude Maasheuvel* entstand zu Beginn des 21. Jh. aus dem Abraum beim Bau des modernen Wohnviertels Midden-IJsselmonde bzw. des dazugehörigen 20 ha großen Pufferbeckens für Regenwasser.

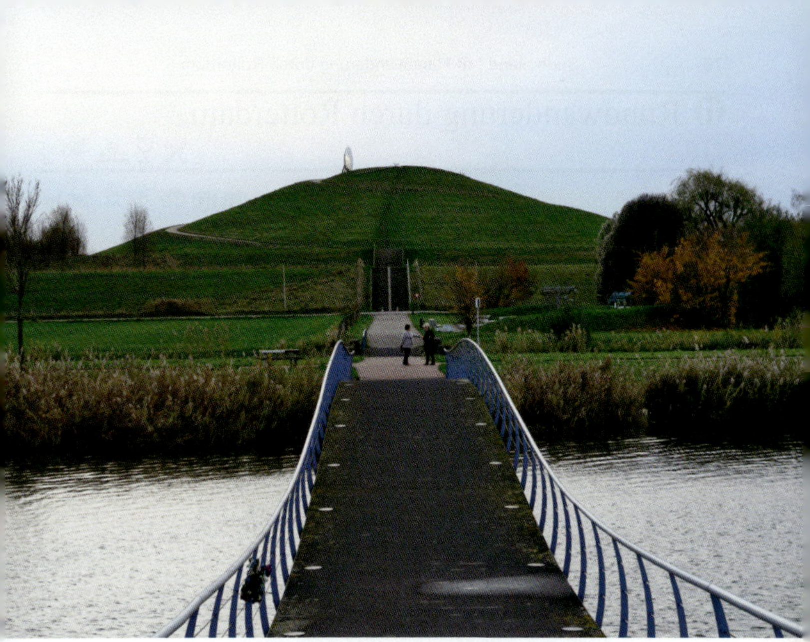

20 m hoher künstlicher Hügel Oude Maasheuvel

Nach diesem Wasserbecken, dem Gaatkens Plas, ist dieser künstliche Hügel im Volksmund benannt: Gaatkensbult (deutsch „Gaatkens Höcker"). Offiziell heißt der Hügel *Jan Gerritseheuvel*, benannt nach dem gleichnamigen Naherholungsgebiet, in dem früher verunreinigter Schlamm aus dem Rotterdamer Hafen deponiert wurde.

Auf dem Hügel steht das moderne Kunstwerk „Sky, Moon, Mirror, Environment" – ein Spiegel mit 3,5 m Durchmesser.

Zum Abstieg folgen Sie dem Weg links spiralförmig hinunter und schließlich nordwärts auf den Ort (Barendrecht) zu, über die Radbrücke (km 10) und geradeaus zum Kreisverkehr der Straßenbahn. Rechts dahinter liegt die Haltestelle Waterkant der Linie 25.

Wenn Sie der Hauptstraße geradeaus noch 300 m folgen, erreichen Sie kurz vor der nächsten Haltestelle zur Linken ein großes Einkaufszentrum mit vielen Läden, Supermärkten und Einkehrgelegenheiten.

⓫ Rundwanderung durch Rotterdam

Tour für Kulturfreunde

Diese Rundwanderung durch die wichtigste holländische Hafen- und Handelsstadt führt an bekannten Bauten sowie Hafenanlagen vorbei – überwiegend auf Wegen abseits vom Straßenverkehr, großteils entlang von Kanälen und Kaianlagen. Dabei erleben Sie historische Häfen, moderne Viertel ähnlich der Hamburger Speicherstadt, touristische Hafenviertel, den Park und viele architektonische Highlights der zweitgrößten niederländischen Stadt, z. B. die Kubuswohnungen oder die moderne Markthalle.

Start/Ziel: Rotterdam Centraal, GPS N 51°55.433' E 004°28.188'

13,4 km

3 Std. 30 Min.

120 m/120 m

-2 bis 11 m

stellenweise (selten) rot-weiße Markierung

Rastplätze/Sitzbänke in Parks und entlang der Maas

mehrere Einkehrgelegenheiten unterwegs, etwa Parkheuvel mit Ausblick bei km 6,8 oder in großer Zahl in der Markthalle bei km 11,7

mehrere Läden und Supermärkte unterwegs, etwa in der Markthalle bei km 11,7

Der Weg ist für Kinder geeignet, aber Vorsicht bei den vielen Straßenquerungen.

Für Buggys geeignet, diese müssen bei einigen (wenigen) Treppen aber getragen werden.

Hunde können mit, sogar in die Markthalle, die für sie ein Geruchsparadies ist, sollten aber ständig angeleint sein.

P Parken ist in Großstädten immer schwierig (und in den Niederlanden teuer), daher empfehlen die Autoren die Anreise per Bahn. Parkgelegenheiten entlang der Strecke: Euromast bei km 6, GPS N 51°54.313' E 004°27.966' (nur Kartenzahlung), oder Parkhäuser von Q-Park (€ 0,50 für ca. 18 Min. oder € 15 pro Tag), etwa am Bahnhof (Proveniersplein, GPS N 51°55.560' E 004°28.153') oder am Schiehaven bei km 4,8, GPS N 51°54.246' E 004°27.509'

Stadtbus, Metro und Tram des Verbunds RET. Es gibt so viele Haltestellen und Linien, dass sie hier nicht alle einzeln aufgeführt sind. Am Hauptbahnhof finden Sie einen Infoschalter von RET. Tickets für Einzelfahrten gibt es ab € 3 (1 Std.), Tageskarten für € 7,50. www.ret.nl, www.9292.nl

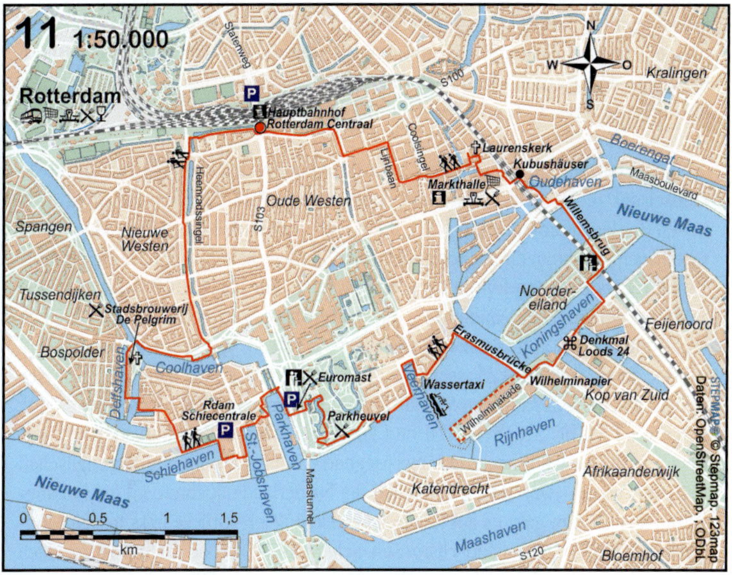

🛈 Rotterdam Info in der Coolsingel 195-197 und am Hauptbahnhof, ☏ 01 07 90 01 85, 💻 www.rotterdam.info

☺ Die „Rotterdam Welcome Card" bietet 1 bis 3 Tage freies Reisen mit dem öffentlichen Nahverkehr in der Stadt und in vielen Museen 25 % Rabatt. Erhältlich für € 11 bis 20 in den Touristinfos

Die Wanderung beginnt/endet am Hauptbahnhof, der 2014 nach umfassender Renovierung mit großem Sichtfenster zur Innenstadt neu eröffnet wurde. Nach dem Verlassen der Bahnhofshalle durch den Haupteingang laufen Sie 30 m zur großen Straße und folgen dieser nach rechts (auf der rechten Straßenseite). Nach 8 Min., 150 m nach der „Mini World", queren Sie eine Straße, gehen leicht rechts versetzt geradeaus auf der kleinen Straße neben der Esseburgsingel weiter und folgen dem Weg neben der Singel nach 400 m nach links.

Singel – Kanäle in Rotterdam

Singel bezeichnet die Kanäle, wie sie im 19. Jh. rund um Rotterdams Innenstadt als Abwasserkanäle angelegt wurden, um die Ausbreitung der Cholera zu verhindern, indem man frisches Rheinwasser hereinströmen ließ. Das Wasser der Singel kann übrigens nicht einfach in die Nordsee abgelassen werden, sondern muss in diese hinaufgepumpt werden, denn Rotterdam ist die am niedrigsten gelegene Stadt der Niederlande – bis zu 6 m unter dem Meeresspiegel!

Nach 100 m (km 1,2) geht es beim Kreisverkehr mit der Bushaltestelle Deukelsdijk rechts geradeaus durch den schmalen Park, auf dem Fußweg rechts neben der Heemradssingel. Nach 1,3 km endet der Park bzw. die Singel vor dem Coolhaven. Sie kreuzen nacheinander zwei Straßen, halten sich nach der Hauptstraße rechts und wandern entlang der Mole bis zur nächsten Brücke, über die Sie links gehen. Dann queren Sie die Havenstraat, um geradeaus der kleinen Gasse durch den historischen **Delfshaven** zu folgen, der im 14. Jh. angelegt wurde, damit Delft eine Wasseranbindung an die Maas und damit die Nordsee erhielt. Nach 50 m passieren Sie zur Linken das Restaurant Stadsbrouwerij De Pelgrim (Mi bis So ab 12:00) und kurz darauf die **Pelgrimsvaderskerk** aus dem 15. Jh., benannt nach den überwiegend calvinistisch orientierten englischen „Pilgrim Fathers“, von denen ein Teil in die Niederlande flüchtete (frei zugänglich). Nach 200 m geht es auf Höhe der zweiten (Zieh-)Brücke links in den Moutersteeg (Schild: VOC Pand Historisch Schip De Delft) und nach 150 m, nach einer weiteren Brücke, rechts am Kai entlang bzw. nach 100 m links, weiter am Kai. Nach 80 m folgen Sie am Ende des Kais dem Radweg geradeaus und nach 50 m der Havenstraat nach rechts, um bei der Kreuzung nach 70 m geradeaus zu gehen (Oostkousdijk). Nach 70 m queren Sie die Hauptstraße und danach den großen Platz, der von Fahrschulen zu Übungszwecken genutzt wird (km 4,3). Vor Ihnen erheben sich im alten Hafenbereich moderne Hochhäuser, wo früher Waren von/nach Indonesien umgeschlagen wurden (Lloydkade). Weiter geht es links am Kai des Schiehavens entlang (Kratongade) und nach 200 m vor dem modernen Gebäude rechts weiter, um den Kai nach 100 m links zu verlassen.

Geradeaus wandern Sie nun zum nächsten Hafenbecken (St. Jobshaven). Links erhebt sich die alte Lagerhalle St. Jobs, die als modernes Gewerbezentrum umgestaltet wurde. Am St. Jobshaven gehen Sie links am Kai entlang, am Anleger der „Aqualine“ vorbei und 100 m nach dem Anleger geradeaus weg vom Hafenbecken, rechts an „Fitland“ und kurz darauf an dem modernen Hochhaus mit dunklem Klinkerstein vorbei zum nächsten Hafenbecken (Parkhaven) mit dem Funkturm Euromast dahinter. Am Parkhaven wenden Sie sich wieder nach links, laufen auf das Polizeigebäude zu, umgehen dieses links und queren auf der Brücke die Schleusen. Gleich nach den Schleusen halten Sie sich rechts und folgen der touristischen Promenade auf die Restaurantboote und den Euromast zu. 150 m nach den Schleusen bzw. vor dem „chinesischen" Hotelschiff verlassen Sie die Hafenpromenade nach links und spazieren über die Straße zum Funkturm **Euromast** (km 6).

Euromast, Parkhaven 2, ☎ 01 04 36 48 11, euromast.nl, ganzjährig täglich 10:00 bis 22:00, im Sommerhalbjahr ab 9:30, Eintritt € 9,50. Der Sendeturm Euromast wurde zur Floriade 1960 erbaut und nachträglich von 100 auf heute 185 m erhöht. Der auf 131 Betonpfählen verankerte Turm mit seinem Durchmesser von 9 m trägt in 100 m Höhe das sogenannte „Krähennest", eine 240 t schwere Stahlkonstruktion mit einem Restaurant. Zur Aussichtsplattform geht es noch höher hinaus mit einem gläsernen, rotierenden Aufzug namens „Euroscoop".

Sie wandern rechts am Funkturm vorbei über die Fußgängerbrücke in den Park. Dort gehen Sie kurz nach links und dann rechts auf wellenförmigen hölzernen Schwebebrücken über den Parkteich, um sich danach rechts zu halten.

Hundebesitzer aufgepasst! Ältere Schilder verbieten Vierbeinern den Zutritt in den Park, auch wenn das ganz offensichtlich einige Hundebesitzer anders sehen (frei laufende Hunde). Um auf Nummer sicher zu gehen, sollten Sie gleich nach der Brücke vom Euromast am Anfang des Parks rechts gehen. Sie erreichen nach 200 m wieder die Hauptroute (bei km 6,7).

Am Südwestende des Parks (km 6,7) gehen Sie links hinauf auf den Wall, wo ein aussichtsreicher Spazierweg über Kies am Maasufer entlangführt.

Wer mit Buggy unterwegs ist, kann unten am Kai der Maas entlanggehen, statt sich durch den Kies zu quälen.

Nach 100 m auf dem Wall passieren Sie das gepflegte, aber nicht ganz billige Aussichtsrestaurant Parkheuvel. Heuvellaan 21, ☎ 01 04 36 05 30, www.parkheuvel.nl, Mo bis Fr 12:00-15:00 und 18:30-22:00, Sa 18:30-22:00

Am Ende des Walls queren Sie die Uferstraße und folgen dem Maasufer am Kai entlang geradeaus. Er umrundet nach 200 m ein Hafenbecken, den alten Fährhafen. Am Ende des Hafenbeckens (km 7,9) passieren Sie den Anleger für das Wassertaxi (Linie 57), mit dem sich die Tour geringfügig abkürzen lässt:

↬ Abkürzung mit Wassertaxi (➲ 0,4 km weniger):

Über den Bootssteg am Ostende des Hafenbeckens erreichen Sie den Anleger zum Wassertaxi (Haltestelle 57 Veerhaven/binnen), der bei Bedarf zum Jugendstilhotel New York auf der anderen Seite der Maas fährt (☏ 01 04 03 03 03, 💻 www.watertaxirotterdam.nl, € 3). Dort folgen Sie dem Kai flussaufwärts (Wilhelminakade) zur Erasmusbrücke, wo Sie nach etwa 10 Min. wieder die Hauptroute erreichen (bei km 9).

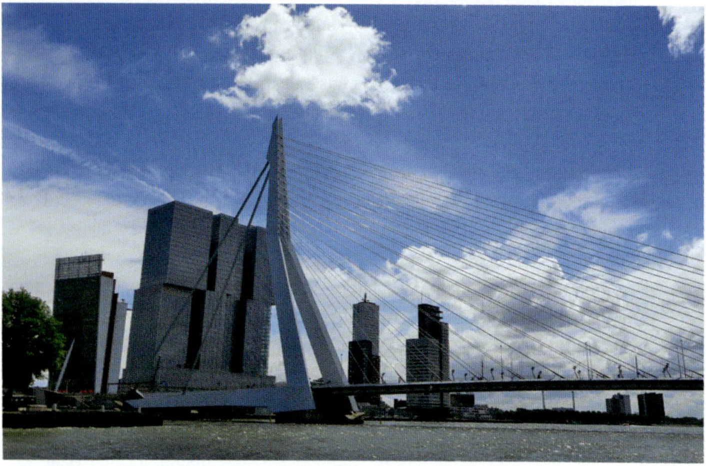

„Der Schwan" – Rotterdams Wahrzeichen Erasmusbrücke

Vorbei an der Anlegestelle für den Waterbus und vorbei an ⊼ Bänken gehen Sie am Kai entlang auf die Hängebrücke mit Anlegestellen für Hafenrundfahrten darunter zu (km 8,5), wo Sie die Treppe aufwärts nehmen und rechts auf der rechten Seite über die 1996 fertiggestellte **Erasmusbrücke** die Maas queren. Die nach dem Rotterdamer Philosophen benannte Schrägseilbrücke überspannt den Rheinarm Nieuwe Maas bei Rheinkilometer 1.000 mit einer Länge von 400 m. Tragendes Element ist der 139 m hohe weiße, angewinkelte Pylon, dem die Brücke den Beinamen „De zwaan" („Der Schwan") verdankt. Rechts liegt auf der anderen Maasseite der **Wilhelminapier**, von wo früher die großen Dampfer der HAL (Holland-America-Line) europäische Auswanderer nach Übersee brachten. Heute wetteifern hier Architekten darum, wer die höchsten bzw. auffälligsten Hochhäuser baut (von rechts nach links):

▷ World Port Center (124 m), erbaut 2000 vom Reichstagarchitekten Norman Foster, Sitz der Hafenverwaltung von Rotterdam, und dahinter der Montevideo Tower (124 m), erbaut 2005 (☞ 📷 rechts stehende Hochhäuser in Bildmitte, hinter Drahtseilen)

▷ Cruise Terminal Rotterdam und dahinter das Hochhaus New Orleans (158 m) von 2010, (noch) das höchste Hochhaus der Niederlande mit mehr als 234 Apartments

▷ De Rotterdam (150 m) (☞ 📷 links vom Brückenpfeiler), 2013 von Rem Kolhaas erbaut

Am Ende der Brücke (km 9) queren Sie bei der Ampel links die Straße und gehen geradeaus rechts neben der Maas mit Blick auf das moderne Rotterdam weiter. Nach knapp 200 m folgen Sie hinter dem Hochhaus der Wirtschaftsprüfungsgesellschaft Deloitte der Straße nach links, über ein weiteres Hafenbecken, und passieren einen Platz mit dem **Denkmal Loods 24** (km 9,5), das an die Deportation von Juden im Zweiten Weltkrieg erinnert. In den Jahren 1942 und 1943 wurden 686 jüdische Kinder aus Rotterdam von hier aus Richtung Auschwitz und Sobibor ausgeschifft.

Bänke mit Blick auf die Maas und die „Skyline“ von Rotterdam

Weiter geht es geradeaus durch ein älteres Hafengebäude hindurch, über ein weiteres Hafenbecken und am Kai entlang mit dem sogenannten Koningshaven links, den Sie nach 5 Min. links über die Brücke queren. Gleich nach der Brücke folgen Sie der Hauptstraße 100 m nach rechts (auf der linken Seite!) und wandern nach der alten Eisenbahnbrücke links in den Park. Links führt eine Treppe auf den alten Bahndamm hinauf, der heute als Fußweg hergerichtet ist. Diesem folgen Sie nach rechts mit schöner Sicht auf die Skyline von Rotterdam, um nach 100 m am Ende rechts wieder hinunterzugehen, den Park zu queren und auf der großen Willemsbrug (linke Seite), die auch als „Golden Gate Bridge von Rotterdam“ bezeichnet wird, links über die Maas zu laufen. Am Ende der Brücke sehen Sie das architektonische Wahrzeichen von Rotterdam: die kuriosen Kubushäuser Piet Bloms (1984). Am Brückenende steigen Sie auf der Treppe abwärts und wandern weiter rechts unter der Straße hindurch und über die Ampel. Weiter gehen Sie links, vorbei am **Oude Haven** mit den bekannten **Kubushäusern** dahinter. Links ragt das 1898 im Art-nouveau-Stil erbaute **Witte Huis** auf (oben mit Aufschrift „westermeyer“), das älteste Hochhaus Europas (40 m hoch), das als eines der

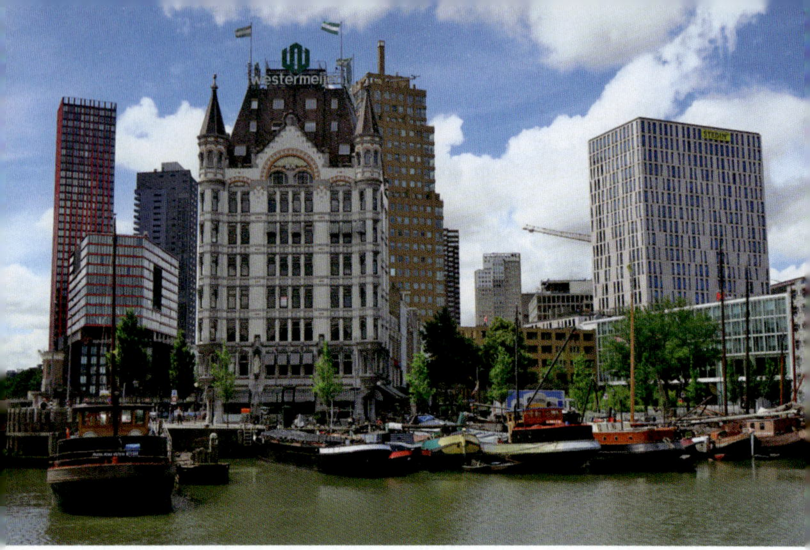

„Weißes Haus" – ältestes Hochhaus Europas

wenigen Gebäude in Rotterdam den Bombenhagel im Zweiten Weltkrieg weitgehend unbeschadet überstand.

An der Hauptstraße unmittelbar vor den Kubushäusern halten Sie sich links und laufen auf das riesige hallenartige und hufeisenförmige Gebäude zu, die 2014 eröffnete **Markthalle** – der kulinarische Mittelpunkt Rotterdams, durch die Sie die Tour hindurchführt (km 11,7). Auch Hunde dürfen mit, müssen aber angeleint sein.

Riesige Auswahl an Einkehr- und Einkaufsgelegenheiten, überwiegend Kleinigkeiten aller möglichen Nationalitäten, außerdem Biobäcker sowie „normaler" Supermarkt. Über den Marktständen befinden sich 228 Apartments, mit Ausblick auf das bunte Treiben. Mo-Sa 10:00-20:00, So 12:00-18:00, www.markthalrotterdam.nl

Nach dem Durchqueren der Markthalle gehen Sie 70 m nach rechts, bei der folgenden Fußgängerstraße (Hoogstraat) 30 m nach rechts und dann links in Richtung Kirche mit Eingang auf der linken (Turm-)Seite.

Die im 15./16. Jh. erbaute gotische Laurenskerk ist der einzige verbliebene Rest Mittelalter in Rotterdam, der einstige hölzerne Turm hielt nur wenige Jahre (im 17. Jh.). Di bis Sa 11:00 bis 17:00, Eintritt € 2

Von der Kathedrale gehen Sie links wieder zurück zur Fußgängerzone und schlendern auf dieser nach rechts in westliche Richtung, hinüber über den Fluss Rotte, an deren Ufer im Jahr 1230 ein (Schutz-)Damm gebaut wurde: So soll der Name Rotterdam entstanden sein.

Markthalle – kulinarischer Mittelpunkt Rotterdams

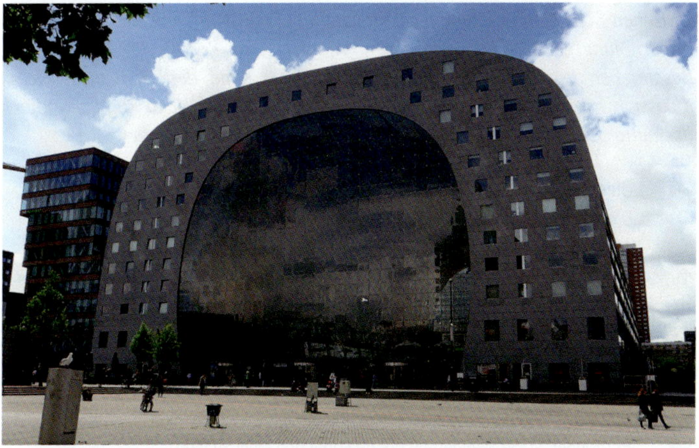

Nach 150 m folgen Sie der Fußgängerzone geradeaus nach unten; diese neu gestaltete Galerie unterquert auf einer Länge von rund 100 m die Straße. 100 m nach der Unterführung gehen Sie rechts in die Lijnbaan (km 12,8), eine der ältesten Fußgängereinkaufsstraßen Europas (seit 1953).

Die zweite oder dritte Querstraße nach links führt Sie über den großen, modern gestalteten Platz Schouwburgplein.

Supermarkt Albert Heijn am Nordende des Platzes im Erdgeschoss des Hochhauses

Von Schouwburgplein gehen Sie geradeaus in westliche Richtung und erreichen nach 50 m eine sehr breite Straße, deren Fahrbahnen links durch eine Gracht (Westersingel) und rechts durch einen Park (Kruisplein) voneinander getrennt sind. Sie laufen rechts über den Kruisplein auf die auffällige Eingangshalle des Bahnhofs zu, die Sie nach 200 m erreichen.

⑫ Kurze Rundwanderung im Delftland bei Maassluis

Kammwanderung für Landschaftsgenießer und historisch Interessierte

Zwischen Schiedam und Hoek van Holland liegt mit dem Delftland ein beliebtes Naherholungsgebiet, das viele Rad-, Wander- und Reitwege zu bieten hat. Beschrieben ist eine kurze Rundwanderung am Rand des Delftlands, die in Maassluis beginnt und endet und dabei zu Beginn einen kleinen Rundgang durch das nette Städtchen bietet.

Start/Ziel: Maassluis, Bahnhof, GPS N 51°54.998' E 004°15.192'

6 km

1 Std. 30 Min.

35 m/35 m

-7 bis 6 m

keine gesonderten Markierungen, nur Straßenschilder

zahlreiche Rastplätze/Sitzbänke zwischen km 2,2 und 4,8

Einkehrgelegenheiten in Maassluis

Einkaufsgelegenheiten zu Beginn in Maassluis

Für Kinder ist die Wanderung gut geeignet und nicht zu lang.

Für Buggys gut geeignet, wenn Sie damit auch auf verfestigtem Kiesboden zurechtkommen.

In der Innenstadt sollte der Vierbeiner an der Leine geführt werden, außerhalb führt die Wanderung durch ein beliebtes Auslaufgebiet für Hunde, wo es heißt: Leinen los.

P Parkplätze am Bahnhof in Maassluis (gratis und zeitlich unbegrenzt), GPS N 51°54.978' E 004°15.291'

Bahnhof Maassluis, 4 x stündlich Verbindungen Richtung Rotterdam (ca. € 4) und Hoek van Holland (ca. € 3), www.ns.nl

Vom Bahnhof bzw. dem Parkplatz am Bahnhof kommend halten Sie sich links und folgen der Allee nach links zwischen der Hauptstraße und der Bahnlinie. Vor der Brücke (km 0,2) queren Sie die Hauptstraße und nehmen die rechts abzweigende Havenstraat, die rechts am (kleinen) Hafen entlangführt. Am Ende des Hafens bzw. Kanals (km 0,7) geht es kurz geradeaus aufwärts und bei der folgenden Kreuzung gerdeaus in die Fußgängerzone (Wip), neben der Gracht (Zuidvliet).

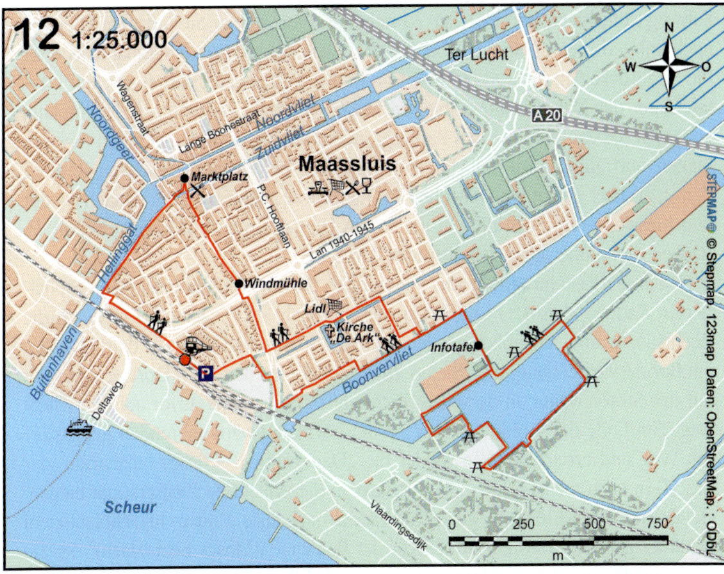

Nach 50 m erreichen Sie den nett gelegenen Marktplatz mit ✕ Einkehrgelegenheiten. Ein kurzer Schwenker über den zwischen zwei Kanälen (Noord-, Zuidvliet) liegenden Platz lohnt sich allemal.

Ihr Weg führt Sie vor dem Marktplatz stehend nach rechts, über den Zuidvliet und weiter in die Fußgängerzone (Nieuwstraat). Nach 100 m halten Sie sich bei dem kleinen Platz etwas rechts und wandern auf dem Fußweg hinauf auf den Damm – ein Teil des alten Stadtwalls, über den heute stellenweise Straßen führen. Sie folgen auf dem Wall der Straße (Zuiddijk) geradeaus, mit Blick auf die Häuser des Städtchens. Bei einer Windmühle (km 1,2) queren Sie die Hauptstraße über die rechts liegende Fußgängerampel und folgen weiter der Straße auf dem Damm, die jetzt Prinses Julianalaan heißt. ✋ Nach 200 m verlassen Sie den Damm über die links hinunterführende Treppe und folgen der Straße (Josef Israelslaan, später Rembrandtlaan) geradeaus durch das Wohngebiet, nach 200 m vorbei an der modernen reformierten Kirche „De Ark“ (rechts) und einem 🛒 deutschen Discounter (Lidl, links), der letzten Einkaufsgelegenheit bei dieser Tour.

100 m nach dem Supermarkt biegen Sie rechts in die Adriaan Brouwerstraat ab und folgen ihr nach 100 m durch die Linkskurve, um nach 50 m rechts den

Fußweg zum Kanal Boonvervliet zu nehmen. Dort gehen Sie auf dem Uferweg nach links, vorbei an einer ⛉ Bank. Schließlich queren Sie den Kanal links über die Radbrücke (km 2,3) und folgen dem Radweg geradeaus, vorbei an einer Infotafel über das Naherholungsgebiet und einer ⛉ Bank. 100 m nach der Infotafel verlassen Sie vor dem See den Radweg, indem Sie rechts in den geraden Kiesweg biegen und auf diesem am Ufer entlanglaufen, bis zu einem anderen Radweg (km 2,9). Hier gehen Sie links über die Radbrücke, nehmen 50 m danach wieder den Kiesweg und folgen diesem immer am Ufer des Sees entlang, vorbei an ⛉ Bänken sowie über eine kleine Brücke (km 3,6).

Nach der Fastumrundung des Sees stoßen Sie am Nordende auf einen asphaltierten Radweg (km 4,1) und folgen diesem nach links, nach 250 m durch die Rechtskurve und schließlich wieder über die Brücke und links auf dem Uferweg am Boonervliet entlang, dem Sie bis zum Ende folgen (km 5,1). Dort geht es links auf der Straße weiter, in derselben Richtung (Südwest) wie zuvor auf dem Uferweg. Am Ende der Straße nehmen Sie den rechts aufwärts führenden gepflasterten Weg und erreichen oben wieder die „Dammstraße" Prinses Julianalaan, der Sie 50 m nach rechts folgen, ehe Sie links in die Willem de Zwijkerstraat biegen. Bei der nächsten Kreuzung gehen Sie wieder nach links (Prinses Julianaplantsoen) – immer geradeaus bis zur Straße vor der Bahnlinie (Prinses Beatrixlaan), der Sie nach rechts zum Bahnhof folgen, vorbei am P Parkplatz.

Alter Hafen von Maassluis (km 0,6)

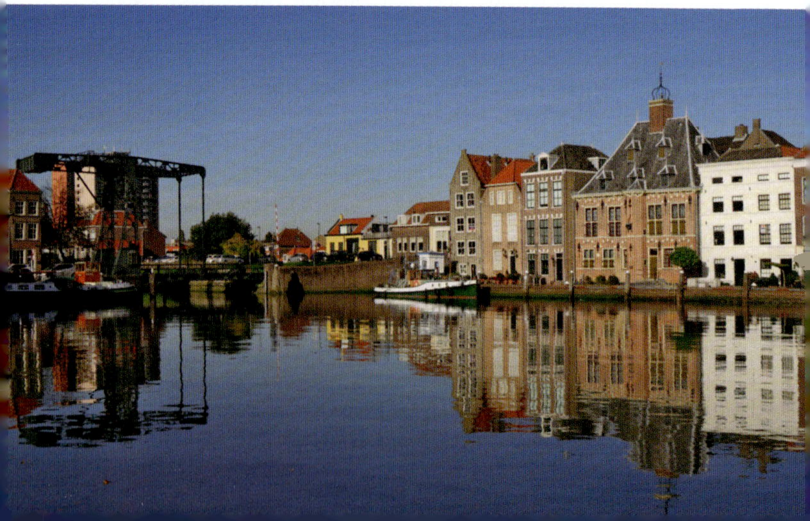

⑬ Rundwanderung an der Maasmündung bei Hoek van Holland

Kurze Wanderung für Landschaftsgenießer

Hoek van Holland kennen manche – eher ältere Jahrgänge – als Fährhafen Richtung England, aus Zeiten, als man noch nicht mit dem Eurostar oder Billigfliegern nach London reiste. Das an der Mündung der Maas in die Nordsee gelegene Hoek mit seinen 9.000 Einwohnern ist gut per Bahn erreichbar – vom Bahnhof sind es nur einige Minuten zum Strand bzw. zu den Dünen. Diese kleine, aber abwechslungsreiche Wanderung führt zur Spitze von Hoek und bietet Strand, Dünen, Park und Maasufer. Übrigens: Die Englandfähren (nach Harwich) gibt es immer noch, sie werden aber eigentlich nur noch von Autofahrern genutzt.

Start/Ziel: Bahnhof Hoek van Holland Haven, GPS N 51°58.604' E 004°07.624'

6,1 km

2 Std.

35 m/35 m

0 bis 11 m

rote und rot-weiße Markierungen bzw. rote Pfähle

zahlreiche Sitzbänke entlang der Strecke

Einkehrgelegenheiten am Ende des Strands (km 3,6) und an der Promenade kurz vor Ende der Tour (ab km 5)

Supermarkt nahe km 0,2

Badegelegenheit am Strand von Hoek zwischen km 2,7 und 3,7

für Kinder gut geeignet und ereignisreich wegen des Strands und der vielen Aussichtspunkte

für Buggys nicht geeignet wegen des sandigen Untergrunds

Großteils ist die Tour für Hunde ideal, denn Sie wandern überwiegend durch *hondelosloop*-Gebiete, also können Hunde meist frei laufen. Leider gibt es aber für die kurze Passage am Strand Einschränkungen: Im Sommer (1.5. bis 1.10.) gilt Hundeverbot. Das Strandstück lässt sich aber optional umgehen (ab km 5,1).

P große Parkplätze am Maasufer zwischen km 5,1 und km 5,5, GPS N 51°58.699' E 004°07.211' (gratis), sowie in Bahnhofsnähe beim Supermarkt, km 0,2, GPS N 51°58.663' E 004°07.682'. www.rotterdam.nl/parkereninhoekvanholland

Bahnhof Hoek van Holland Haven, viertelstündlich von/nach Rotterdam, € 5,50, www.ns.nl

Vom Bahnhof folgen Sie dem Radweg rechts neben der Hauptstraße über den Bahnübergang landeinwärts, durch die Linkskurve und nach dieser nach rechts (Prins Hendrikstraat), links oberhalb von dem großen Parkplatz (und einem Supermarkt dahinter). Nach 70 m queren Sie zweimal nacheinander die Straße zur Linken und setzen den Weg durch den Park in nordwestliche Richtung fort. Das Schild gleich am Anfang freut jeden Hundebesitzer und Vierbeiner sowieso: *hondelosloopgebied* (bis km 1,5). Am Ende des Parks queren Sie eine Straße mit Radwegen an beiden Seiten (km 1) und erreichen 20 m danach am Beginn eines Wäldchens eine Gabelung mit Bank und Mülleimer. Sie können das Wäldchen auf beiden Wegen durchqueren – beide Optionen sind in etwa gleich lang (0,5 km):

- ▷ Rechts folgen Sie dem roten Pfahl durch das Wäldchen, ignorieren Abzweigungen, gehen über eine kleine Brücke und erreichen am Ende des Wäldchens eine kleine gepflasterte Straße.
- ▷ Links laufen Sie immer geradeaus, am Rand des Wäldchens entlang und kurz vor Erreichen der kleinen gepflasterten Straße am Ende erhöht auf einem Damm.

Hoek van Holland – Strand

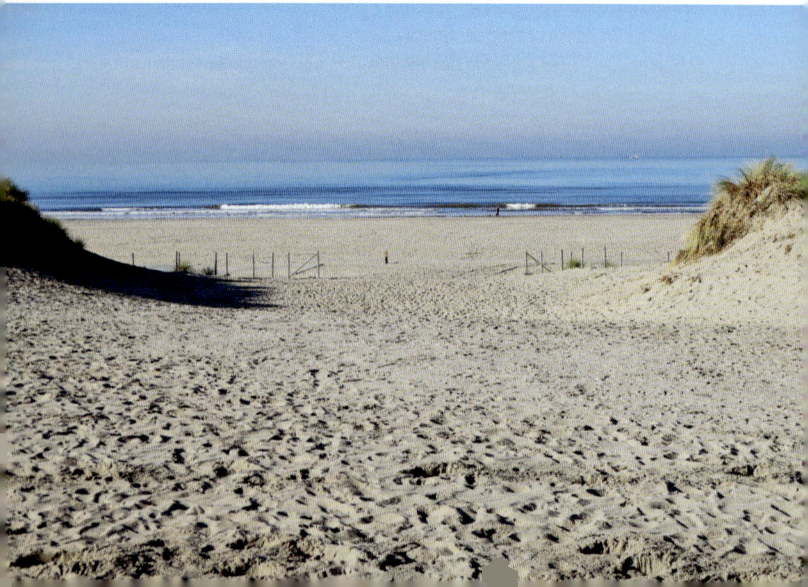

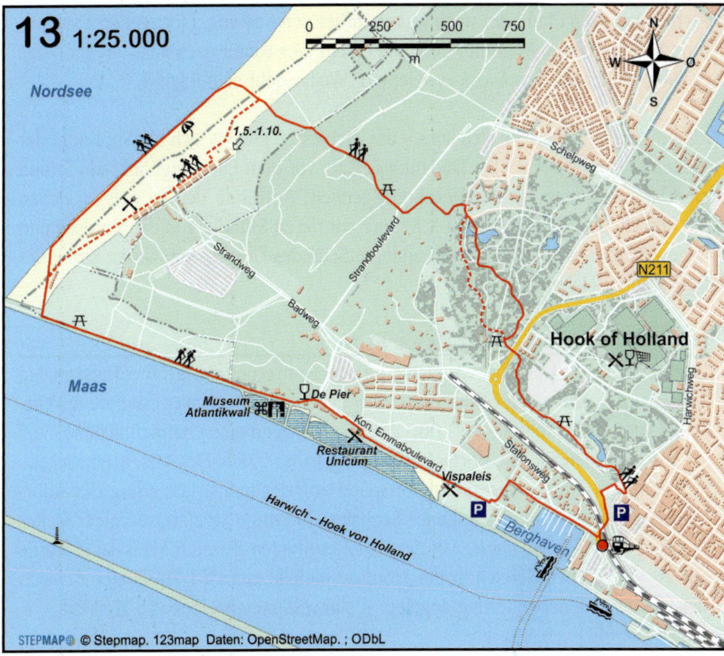

Am Ende des Wäldchens (km 1,5) folgen Sie der kleinen gepflasterten Straße durch die Rechtskurve, steigen gleich danach links aufwärts die Treppenstufen hinauf und nehmen den markierten Weg (rot-weiß und rote Pfähle), der nach 5 Min. bei ⛩ Bänken und einem 🅿 Parkplatz den Strandboulevard quert (km 1,9). Sie gehen die Treppe hinunter, folgen dem Weg weiter westwärts Richtung Nordsee (rot, rot-weiß) und passieren nach 70 m eine Bank. Der mit rotem Pfahl markierte Weg führt Sie kurz darauf über einen Radweg (km 2,2) und schließlich auf sandigem Untergrund durch Dünen zum Strand.

↳ 🐕 Abkürzung für Wanderer mit Hund (➲ 0,1 km kürzer) – ohne Strand:

Falls Sie in der Sommersaison (1.5. bis 1.10.) unterwegs sind, dürfen Sie tagsüber (9:00 bis 19:00) mit Ihrem Vierbeiner nicht auf den Strand. Als Alternative nehmen Sie kurz vor dem Strand den links durch Dünen und an Urlaubsanlagen vorbeiführenden Pfad oder noch weiter vorher den Radweg. Dort gehen Sie Richtung Süden bis zum Maasufer und folgen dem Weg weiter nach links (an der Maas entlang wieder als *hondelosloop*-Gebiet). Weiter geht es bei km 4.

Am Strand halten Sie sich links – am leichtesten geht es sich am Spülsaum der Wellen oder weiter links am Dünenrand. Kurz vor dem Ende liegt links am Strand eine Urlaubsanlage mit ✕ Einkehrgelegenheit. Am Ende des Strands erreichen Sie den Uferweg der Maas (km 3,8) kurz vor deren Mündung in die Nordsee und folgen diesem nach links. Auf der anderen Seite des Flusses dominieren Kräne des Rotterdamer Hafens das Bild.

Hafen Rotterdam – Einfuhrtor Europas

Der Rotterdamer Hafen ist vor Hamburg und Antwerpen der größte Tiefseehafen Europas und weltweit der drittgrößte. Der Hafen und die damit verbundene Wirtschaft sorgen für mehr als 300.000 Arbeitsplätze und einen beträchtlichen Anteil an der niederländischen Wirtschaftsleistung (rund 7 %). Der Hafen entwickelte sich seit dem 14. Jh. und profitierte später von der Industrialisierung des Ruhrgebiets als dessen vorgeschobener Seehafen. Er wurde stückweise immer weiter Richtung Nordsee erweitert. Mit der 2012 eröffneten Zweiten Maasvlakte wurde ein 20 km² großer Bereich in der Nordsee mithilfe eines 11 km langen Schutzdeiches als Hafenerweiterung angelegt – südwestlich vor Hoek van Holland.

Nach 15 Min. passieren Sie einen alten Bunker (km 4,7), der als Teil des Atlantischen Schutzwalls (☞ Tour 15) im Zweiten Weltkrieg vorgesehen war.

⌘ Auf dem Bunker befindet sich eine Aussichtsplattform, Zugang hinter dem Bunker über einen kleinen Pfad. In dem Bunker informiert ein von einer Stiftung betriebenes Museum über den alten Atlantikwall. ☏ 06 22 65 50 69, in der Sommersaison meistens Sa und So, genaue Zeiten auf der Website: www.de.atlantikwall-museum.nl

100 m nach dem Bunker passieren Sie einen Kiosk und erreichen danach eine Straße, wo Sie der Promenade links neben der Straße geradeaus entlang der Maas folgen, links vorbei an einer Sende-Anlage und einer Einkehrgelegenheit (km 5):

✕ Restaurant Unicum, Waterweg, ☏ 01 74 38 76 35, www.restaurantunicum.nl, täglich 10:00 bis 21:00, modernes Restaurant mit schönem Maasblick, eher gehobenes Niveau

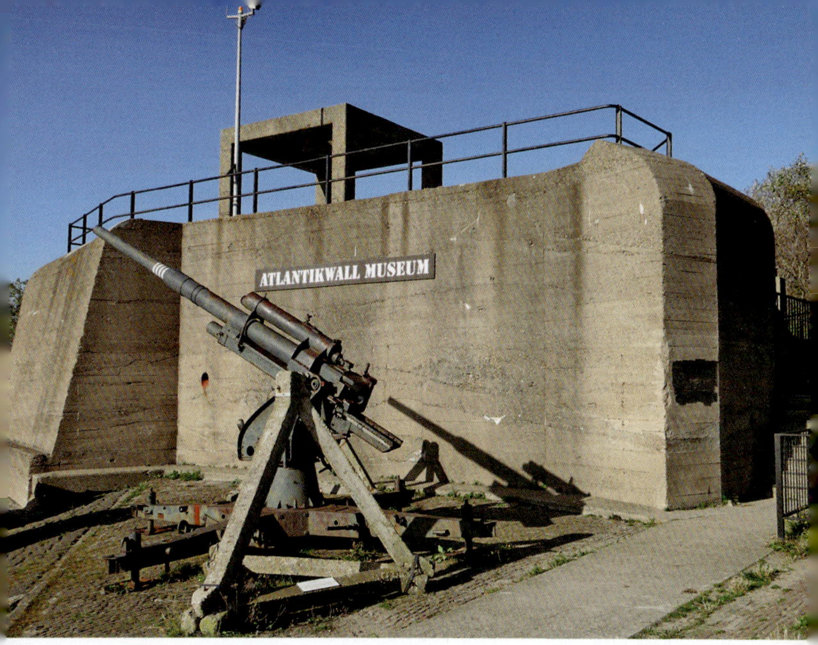

Atlantikwall-Museum

Weiter gehen Sie auf der Promenade neben der Maas (rechts) und der Straße bzw. dem lang gestreckten Parkplatz. Nach 5 Min. passieren Sie eine weitere Einkehrgelegenheit:

✕ Vispaleis, Kon. Emmaboulevard 1, ☎ 01 74 38 55 55, 💻 www.vispaleis.nl, täglich 11:00 bis 20:30, alteingesessenes Fischrestaurant (seit 1975) am Wasser

Sie spazieren weiter auf der Promenade mit zahlreichen Sitzgelegenheiten geradeaus, um nach 150 m vor einem Privatgelände der nach links abzweigenden Straße zu folgen (km 5,6). Nach 60 m biegen Sie rechts in die kleine Straße Havenweg ab. Nach 100 m gehen Sie rechts abwärts (vom Deich) und geradeaus am Hafenbecken entlang, rechts unterhalb vom Deich. Am Ende des Hafens geht es dann wieder leicht aufwärts zum Bahnhof.

⑭ Dünen- und Parkwanderung von Scheveningen nach Den Haag

Strand- und Stadtwanderung für Natur- und Kulturinteressierte

Vor dem niederländischen Regierungssitz Den Haag liegt an der Nordseeküste der altehrwürdige Kurort Scheveningen mit seinem bekannten Kurhaus und der Seebrücke. Nördlich davon erstreckt sich Richtung Wassenaar eine weite Dünenlandschaft als Wasserreservoir für mehr als 1 Million Menschen. Die Wanderung führt von Scheveningen zunächst am Strand entlang und dann in weitem Bogen durch Dünen, Wald und Parkanlagen, darunter das Huis ten Bosch, das niederländische Königsschloss.

→ Start: Scheveningen, Seebrücke, GPS N 52°06.922' E 004°17.003',
Ziel: Den Haag, Centraal Station, GPS N 52°04.858' E 004°19.414'

15,7 km

4 Std.

120 m/120 m

0 bis 15 m

Pfähle mit farblichen Markierungen (gelb, blau) sowie rot-weiße Markierungen für *NS-wandeling*

Tische/Bänke erst kurz vor dem Ziel im Haagse Bos sowie unterwegs zahlreiche Bänke

Einkehrgelegenheiten in großer Zahl am Start und am Ziel, unterwegs bei km 6,3 und km 12,6

Läden am Start und Ziel

WC WC im Infozentrum bei km 6,3

Badegelegenheit am Strand nördlich von Scheveningen entlang der ersten 3 km

für Kinder gut geeignet: Strand, Parks, Dünen mit Aussichtspunkten

für Buggys nicht geeignet wegen mehrerer sandiger Wege

Hunde dürfen im Zeitraum vom 15.5. bis 15.9. zwischen 9:00 und 19:00 nicht auf den Strand nördlich von Scheveningen, daher können Vierbeiner nur außerhalb der Sommersaison mit und müssen dann im Bereich der Dünen an der Leine geführt werden.

P Parken in Den Haag und Scheveningen ist schwierig bzw. teuer, z. B. in Scheveningen Parkhaus am Kurhaus, Gevers Deynootplein 189, GPS N 52°06.725' E 004° 16.896' (€ 2,50 die Stunde, ca. € 18 am Tag), in Den Haag Q-Park am Bahnhof, GPS N 52°04.913' E 004°19.517' (€ 3 pro Stunde und € 26 am Tag).

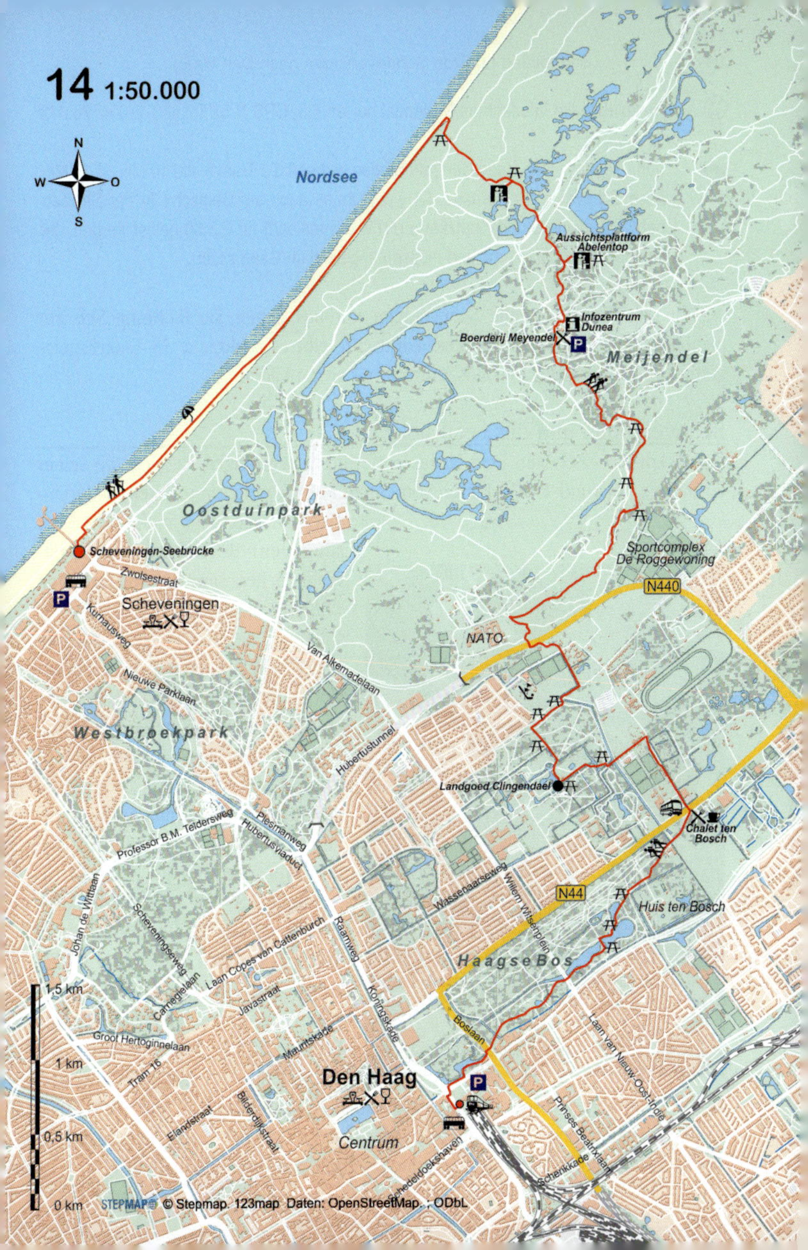

14 1:50.000
N
W
O
S
Nordsee
Aussichtsplattform Abelentop
Infozentrum Dunea
Boerderij Meyendel
Meijendel
Oostduinpark
Scheveningen-Seebrücke
Zwolsestraat
Scheveningen
Kurhausweg
Nieuwe Parklaan
Westbroekpark
Van Alkemadelaan
Sportcomplex De Roggewoning
N440
NATO
Hubertustunnel
Landgoed Clingendael
Chalet ten Bosch
Plesmanweg
Hubertusviaduct
Professor B.M. Teldersweg
Johan de Wittlaan
Scheveningseweg
Wassenaarseweg
Willem Witsenplein
N44
Huis ten Bosch
Haagse Bos
Laan Copes van Cattenburch
Raamweg
Javastraat
Carnegielaan
Koningskade
Groot Hertoginnelaan
Mauritskade
Bosjaan
Laan van Nieuw-Oost-Indie
Tram 16
Den Haag
Centrum
Elandstraat
Bilderdijkstraat
Prinses Beatrixlaan
Schenkkade
Scheldeldoekshaven
1,5 km
1 km
0,5 km
0 km
STEPMAP © Stepmap, 123map Daten: OpenStreetMap, ODbL

☺ Parkplatz beim Infozentrum Mejiendal bei km 6,3, GPS N 52°07.679' E 004°20.072' (gratis)

Vom Zielpunkt Den Haag Centraal Station verkehrt die Tram 9 alle 10 Min. in 15 Min. nach Scheveningen Kurhaus, www.htm.nl (auch auf Deutsch). In der Straßenbahn kann eine Stundennetzkarte (*HTM Uurnetkaart*) für € 3,50 gelöst werden. Hunde können gratis mit und müssen angeleint im Gang sitzen.

Von der Tramhaltestelle Schevenigen Kurhaus gehen Sie Richtung See zur nicht zu übersehenden Seebrücke. Landseitig gibt es zahlreiche Einkehrgelegenheiten und ein Einkaufszentrum mit vielen Läden.

Scheveningen und die Seebrücke

Das 6 km vom Zentrum Den Haags entfernte **Scheveningen** hat sich seit seiner Gründung vor rund 1.000 Jahren von einem Fischerdorf zum größten niederländischen Seebad mit mehr als 4 Mio. jährlichen Besuchern entwickelt. Wahrzeichen sind das Kurhaus von 1885 im italienischen Renaissancestil sowie die 381 m lange **Seebrücke** – seit Jahrzehnten ein Sorgenkind von Kommunalpolitikern: Die im Jahr 1961 eröffnete und inzwischen heruntergekommene Brücke wurde 1991 vom Hotelkonzern Van der Valk für einen symbolischen Gulden übernommen. Trotz Investitionen von rund € 20 Mio. (u. a. wurden 118 der 187 Betonpfeiler renoviert) war der weitere Verfall kaum zu stoppen (Salzwasser kontra Beton und Stahl), sodass die inzwischen von einem Feuer verwüstete Brücke 2013 wegen mangelnden Brandschutzes gesperrt wurde. 2014 übernahm ein Investorenkonsortium die Brücke für € 3 Mio. Seit 2015 steht sie wieder offen. Blickfänger an der Brücke sind der Aussichtsturm (45 m hoch) sowie seit 2016 ein fest installiertes Riesenrad mit 36 Gondeln.

Kurhaus

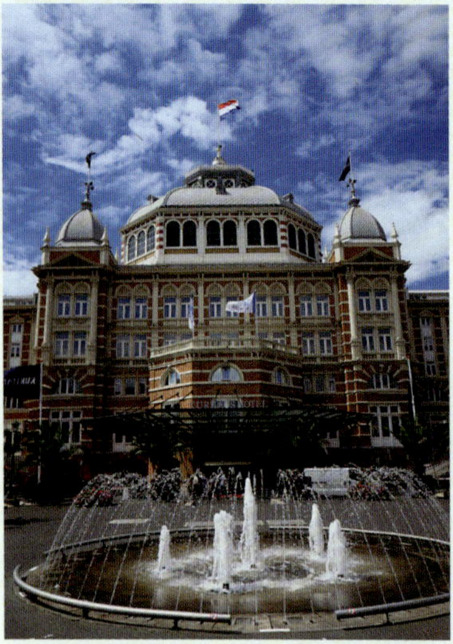

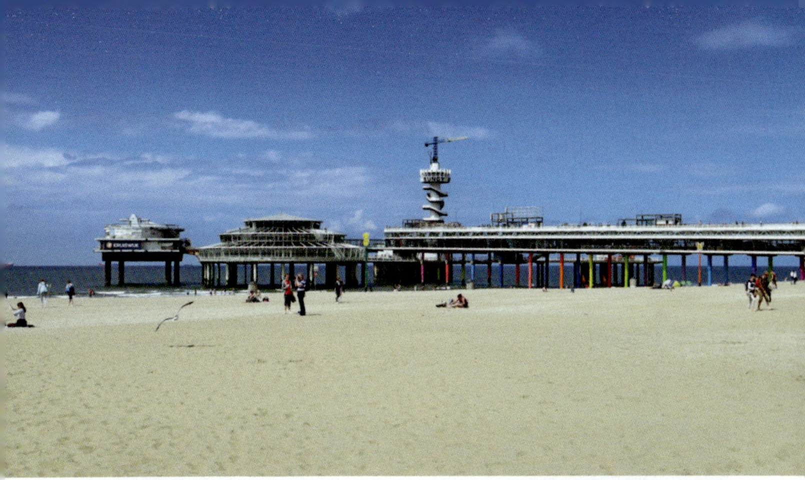

Seebrücke von Scheveningen

Vom Startpunkt an der Seebrücke gehen Sie rechts am Strand (oder der Promenade) entlang in nördliche Richtung und lassen den Rummel (sowie die Promenade) nach wenigen Minuten hinter sich. ✋ Nach gut einer Stunde (km 4) nehmen Sie den zweiten Aufgang in die Dünen nach rechts: keine Holztreppe (wie beim ersten Aufgang), sondern ein recht breiter Sandweg, der nach einer Linkskurve Betonplatten und eine ⊼ Bank erreicht. Sie folgen dem Betonplattenweg nach links in das Landesinnere. Bei der Infotafel nach 70 m geht es halb links weiter auf dem schmalen asphaltierten Weg in das Landesinnere (gelbe Pfähle), eine weite Landschaft mit Dünen und Dünentälern, die von Galloway-Rindern und Konik-Ponys begrast werden.

↳ Nach 10 Min. ist bei einer ⊼ Bank nach rechts ein kurzer Abstecher (➲ 2 x 50 m) auf eine Aussichtsdüne möglich.

Nach einem (weiten) Viehgatter kreuzen Sie bei Knotenpunkt 18 (km 5,3) einen Radweg und folgen dem Sandweg geradeaus (gelber Pfahl, rot-weiß, De Boerderij 0,8). Bei der Kreuzung mit einem gepflasterten Fahrweg gehen Sie geradeaus aufwärts über Holzstufen, um nach 150 m eine Fußwegkreuzung bei Knotenpunkt 16 zu erreichen (km 5,6).

↳ ⊼ Nach links empfiehlt sich ein kurzer Abstecher auf die Aussichtsplattform Abelentop (➲ 2 x 50 m).

Bei der Kreuzung gehen Sie geradeaus, Richtung Knotenpunkt 17 (rot-weiß, gelber Pfahl), und bei der nach 150 m folgenden Gabelung rechts (rot-weiß, gelber und blauer Pfahl).

Schließlich erreichen Sie das Gelände des ehemaligen Bauernhofs Meijendel (km 6,3) mit Infozentrum der Wasserförderfirma Dunea (rechts), Einkehrgelegenheit und Parkplatz (gratis).

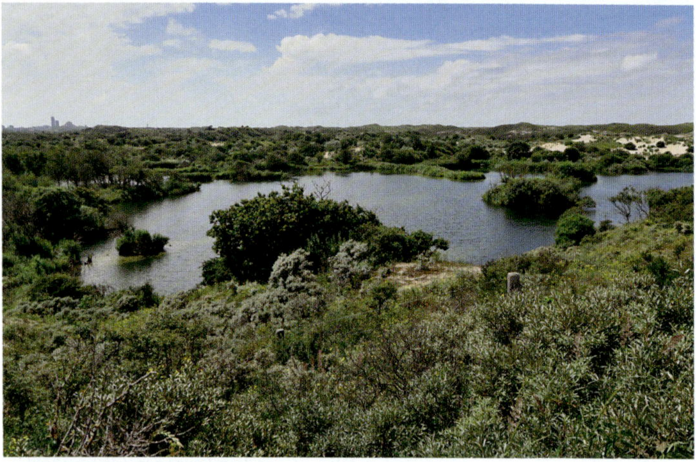

Dünenschutzgebiet Meijendel

ℹ Bezoekerscentrum Dunea, De Tapuit, Meijendelseweg 40, Wassenaar, ☏ 08 83 47 48 49, 💻 www.dunea.nl/bezoekerscentrum, 🚪 Di bis Fr 10:00 bis 16:00, Sa und So 10:00 bis 17:00, gratis, kleine Ausstellung über das Gebiet und die Wassergewinnung dort

🍴 Boerderij Meyendel, ☏ 07 05 17 96 01, 💻 www.meyendel.nl, 🚪 Mo bis Fr 9:00 bis 18:00, am Wochenende bis 19:00, Pfannkuchen und andere Leckereien, Terrasse

Weiter geht es auf dem Fußweg links am Infozentrum vorbei, durch eine Holzsperre und danach links (rot-weiß, gelber Pfahl). In der folgenden Passage durch Wald erwarten Sie mehrere Abzweigungen. Sie folgen immer der rot-weißen Markierung, zunächst in südliche, später in südöstliche Richtung. Bei Knotenpunkt 17 (km 7,3) laufen Sie auf dem gepflasterten Weg für 20 m nach links und nach 20 m auf dem Fußweg wieder nach links (rot-weiß). Nach 100 m halten Sie sich rechts (rot-weiß) und erreichen nach 80 m eine Kreuzung mit demselben gepflasterten Weg wie zuvor, wo Sie geradeaus den Sandweg nehmen (Richtung Knotenpunkt 21), vorbei an einer ⛼ Bank. Sie folgen den rot-weißen Markierungen, bis Sie wieder auf einen gepflasterten (Rad-)Weg treffen (km 8,3). Dort gehen Sie leicht rechts versetzt geradeaus auf dem Fußweg, der rechts neben dem Radweg verläuft (rot-weiß). Nach 5 Min. laufen Sie bei einer Radwegekreuzung weiter geradeaus. 2016 waren hier auf dem Pfahl widersprüchliche Markierungen zu sehen: rot-weiß und darüber rot-weiß durchgestrichen. Sie ignorieren Abzweigungen nach links und erreichen ein umzäuntes Gebiet, hier nehmen Sie den erst später sichtbaren, links abzweigenden kleinen Fußweg zwischen dem Reitweg (links) und dem Zaun (rechts), hinter dem sich die Kommunikations- und Informationsabteilung (NCI) der NATO verschanzt. Nach 200 m queren Sie auf einer neben Wanderern nur Reitern und Radlern vorbehaltenen Brücke eine Autobahn und folgen danach dem Radweg abwärts, links an einer Sportanlage vorbei und nach 250 m bei der Querung mit einer Straße geradeaus (Tempo-30-Schild, Groenendaal). Bei dem Rad-Knotenpunkt 34 (km 10,4) gehen Sie rechts auf den betonierten Radweg (rot-weiß), immer noch mit der Sportanlage zur Rechten.

✋ 30 m nach der linken Abzweigung zum Landgoed Clingendael (km 10,5) nehmen Sie links den leicht ansteigenden Pfad in den Wald (rot-weiß) und halten sich nach 80 m im Wald rechts, vorbei an einer ⛼ Bank. Bei der nächsten Kreuzung mit Wohnblöcken rechts (km 10,8) gehen Sie nach links und bei einer Kreuzung mit Bank (Knotenpunkt 24) geradeaus (rot-weiß). Nach 100 m nehmen Sie die rechts zum parkartigen **Landgoed Clingendael** hinüberführende weiße Brücke und halten sich nach 20 m halb rechts, auf dem Weg links neben dem Teich.

Parks in Den Haag: Landgoed Clingendael & Huis ten Bosch

Auf dem Gelände eines ehemaligen Bauernhofes ließ Philips Doubleth III. im 17. Jh. das heutige **Landgoed Clingendael** mit barockem (symmetrischem) Garten und klassizistischer Gartenarchitektur erbauen. Das Haus entwickelte sich bald zu einem Zentrum für Kunst und Kultur. Nach einem Umbau im Jahr 1982 hat heute dort das renommierte Institut Clingendael seinen Sitz, das sich dem Studium internationaler Beziehungen widmet.

Auch das im Haagse Bos liegende Schloss **Huis ten Bosch** wurde im 17. Jh. erbaut. Es dient heute als Residenz der niederländischen Königsfamilie. Das Schloss ist mit seltenen Ausnahmen (Oranjezaal) für die Öffentlichkeit nicht zugänglich. Ein Teil der 300 x 400 m großen Gartenanlage ist von der Zufahrt her einsehbar.

Bei der folgenden T-Kreuzung (km 11,3) gehen Sie links (rot-weiß) und folgen dem Weg nach 200 m durch eine Rechtskurve, über eine Brücke, dann links, über eine weitere Brücke, dann rechts und über eine dritte Brücke. Danach wenden Sie sich nach links, verlassen den Park und folgen nach dem Queren einer vierten Brücke geradeaus der kleinen Straße, an deren Ende Sie rechts in eine Straße abbiegen. Dort nehmen Sie den rechts von der Straße verlaufenden Fußweg, der auf einem kurzen Stück von einem Haus unterbrochen wird.

Schließlich erreichen Sie eine große Straße (km 12,6), queren diese über die Ampel und folgen auf der anderen Seite der nach halb rechts führenden kleinen Straße, vorbei an einer Einkehrgelegenheit:

✕ ☕ Chalet ten Bosch, Leidsestraatweg 45, ☏ 07 03 47 19 52, 💻 www.chalettenbosch.nl, täglich 10:00 bis 17:00, Kaffeehaus am Waldrand, in dem man auch warm essen kann.

Sie können die Tour hier auch beenden und per Bus von der Haltestelle auf der nördlichen Straßenseite zum Bahnhof fahren (Haltestelle Waalsdorperlaan). Etwa alle 10 Min. fahren Busse verschiedener Linien Richtung Den Haag Centraal Station (18, 90, 386). 💻 www.9292.nl

Nach 5 Min. folgen Sie hinter dem Apartmentblock Chateau Bleu dem halb links abzweigenden Radweg und queren nach 200 m die Zufahrt zum königlichen Schloss **Huis ten Bosch** (☞ oben). 130 m danach (km 13,4) verlassen Sie den Radweg, indem Sie bei einer Kreuzung (Knotenpunkt 32) dem leicht (5 m) links versetzten Fußweg geradeaus folgen (rot-weiß). Bei mehreren Bänken und Tischen (km 13,6) wandern Sie rechts über die Brücke und danach links, am Teichufer entlang, um bei der nächsten Gelegenheit links über die Brücke zur anderen Teichseite zu wechseln, wo Sie dem Fußweg bei Tischen und Bänken (km 13,8) nach rechts folgen, entlang des südlichen Teichufers. 50 m nach einer Straßenquerung halten Sie sich links (rot-weiß) und wandern geradeaus durch den Park. Bei einer weiteren Straßenquerung (km 15) gehen Sie kurz links und weiter durch den Park, weiter südlich vom Teich. Am Ende des Parks queren Sie die Hauptstraße links und erreichen dann den modernen Bahnhof von Den Haag mit zahlreichen Einkaufs- und Einkehrgelegenheiten in der Nähe.

Rechts vom Bahnhof (Südwestseite) liegt die Tramhaltestelle, wo u. a. die Linie 9 Richtung Scheveningen fährt.

⑮ Rundwanderung bei Katwijk

Wanderung für Landschaftsgenießer und historisch Interessierte

Das zwischen Wassenaar und Noordwijk gelegene Katwijk ist ein beliebter Badeort an der niederländischen Nordseeküste, der früher von der Fischerei und heute von Touristen lebt. Auf 64.000 Einwohner kommen mehr als 1 Mio. Besucher im Jahr. Die Wanderung führt durch die mit Wegen gut erschlossene Dünenlandschaft im Süden, die wegen ihrer Sandflächen stellenweise auch als „holländische Kalahari" bezeichnet wird: Die Sandflächen und Dünentäler von Berkheide werden wegen ihrer 500 Pflanzenarten besonders geschützt. Der Rückweg führt am Strand zurück nach Katwijk. Ein Abstecher zu einer kurzen Passage auf einer Mauer des ehemaligen Atlantischen Verteidigungswalles ist möglich.

Start/Ziel: Katwijk aan Zee, Parkplatz an der Sportlaan bzw. am Südende der Promenade, GPS N 52°11.716' E 004°23.237'

8,1 km

2 Std.

80 m/80 m

0 bis 24 m

rote und rot-weiße Markierungen bzw. rote Pfähle sowie stellenweise blaue und grüne Pfeile

Tisch und Bank bei km 0,8, Bänke bei km 1,3, km 1,9, km 2,5, km 3,9 und km 5

Einkehrgelegenheit in Start- und Zielnähe am südlichen Promenadenende

Badegelegenheit am Strand von Katwijk zwischen km 6,6 und km 7,8

Für Kinder ist die Wanderung wegen des Strands und der Dünen mit Aussichtspunkten gut geeignet und ereignisreich.

Für Buggys ist die Strecke wegen des sandigen Untergrundes eher nicht geeignet, es sei denn, Sie gehen stellenweise auf dem Radweg.

Hunde können mit, müssen aber im ganzen Gebiet (Hollandse Duinen Berkheide) vom 15.3. bis zum 15.8. angeleint sein. Für die Strandpassage am Schluss gelten weitere Einschränkungen: Vom 1.4. bis zum 1.10. dürfen Hunde tagsüber zwischen 9:00 und 19:00 nicht an den Strand. Das Strandstück lässt sich aber auch vermeiden.

P Parkplatz am Startpunkt südlich von Katwijk an der Sportlaan, GPS N 52°11.716' E 004°23.237' (Gebühr: Mo bis Sa 10:00 bis 22:00 € 2 für 1 Std., pro Tag max. € 10)

sehr häufige Busverbindungen zur/von Bushaltestelle Callaoweg (1,3 km entfernt, ☞ Variante) von/nach Leiden mit den Linien 30 und 31 (Arriva), einfache Fahrt ca. € 2, www.9292.nl

↳ Start von der Bushaltestelle Callaoweg (➲ 1,3 km bis zur Wanderstrecke):

Nach Verlassen des Busses gehen Sie auf der kleinen Straße rechts (hinter dem Bushäuschen) gegen die Fahrtrichtung zurück und nach 100 m rechts unter der Hauptstraße hindurch. Danach folgen Sie erst der kleinen Straße und später dem Radweg (bzw. dem Fußweg erst rechts, später links vom Radweg) geradeaus durch das Wohngebiet. Nach 1 km queren Sie auf einer Radbrücke eine größere Straße und gehen danach etwas links versetzt nach der Querung eines Radweges geradeaus (Duinrooswandeling 3.500 m). 200 m weiter folgen Sie dem Weg durch die Rechtskurve. Die Route erreichen Sie 130 m nach der Rechtskurve (bei km 2,9), wo Sie links abbiegen (Richtung 62, grüner Pfeil).

Vom Parkplatz an der Sportlaan gehen Sie auf dem Bürgersteig an der linken (südlichen) Seite Richtung Meer und 20 m nach dem links abzweigenden Radweg bei Knotenpunkt 70 nach links (rot-weiß, grüner und blauer Pfeil, Richtung 64). 70 m nach einem Strandaufgang (km 0,5) folgen Sie dem Weg durch die Linkskurve, queren einen Radweg und wandern geradeaus aufwärts (rot-weiß, roter Pfeil), rechts neben dem Zaun. 50 m nach einem ⛼ Tisch mit Bank folgen Sie bei einer T-Kreuzung (km 0,8, Knotenpunkt 63) dem breiten Kiesweg (grüner und blauer Pfeil, rot-weiß, Richtung 63). Beim Knotenpunkt (Pfahl) 63 gehen Sie links

Dünenlandschaft Berkheide

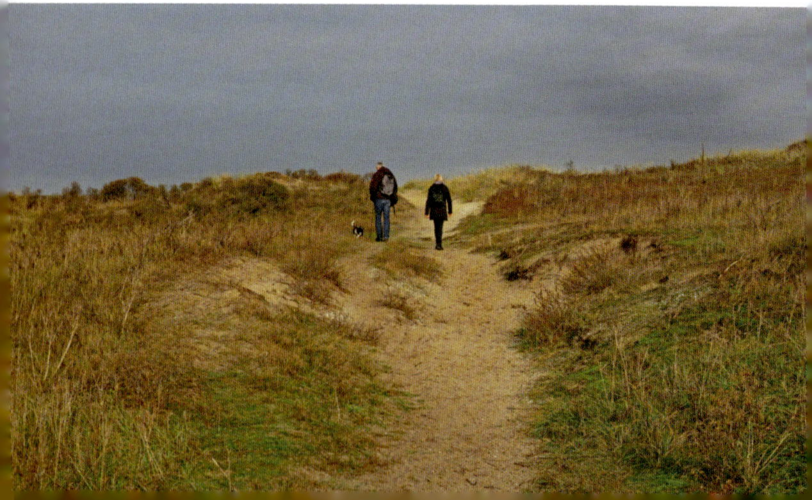

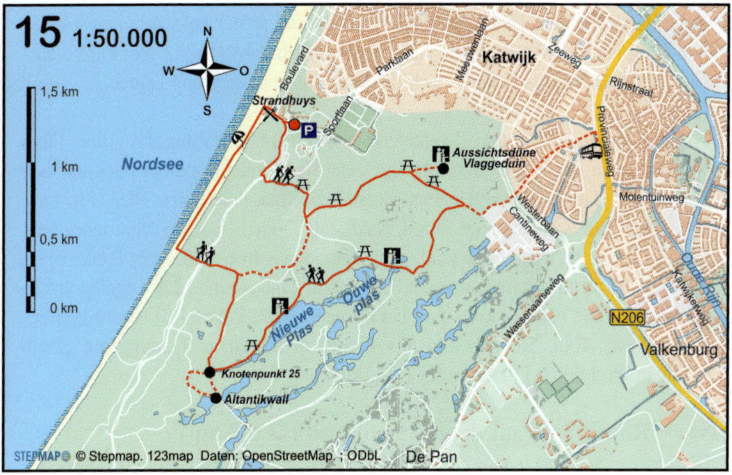

(grüner und blauer Pfeil, Richtung 65) und folgen dem Weg in östliche Richtung, nach 300 m vorbei an einer ⛼ Bank (km 1,3).

Die nächste ⛼ Bank steht an einer Kreuzung (km 1,9), wo Sie vor dem Weitergehen nach rechts noch einen lohnenden ↳ Abstecher geradeaus auf die **Aussichtsdüne Vlaggeduin** machen können (➲ 2 x 200 m).

Schöner Blick von der Aussichtsdüne Vlaggeduin (km 2,1, ⇧ 35 m), dem höchsten (natürlichen) Punkt Südhollands.

Sie gehen wieder hinunter zur Kreuzung mit der Bank und folgen dort dem Weg nach links in Richtung Südost. 20 m nach einer ⛼ Bank (km 2,6) beachten Sie den rechts abzweigenden Sandweg nicht und nehmen stattdessen den nächsten rechts abzweigenden Weg nach 250 m (Knotenpunkt 65, km 2,9), Richtung 62 (u. a. grüner Pfeil).

↳ Abstecher zur Bushaltestelle Callaoweg (➲ 1,2 km):

Geradeaus geht es zur Bushaltestelle. Sie folgen dem Weg (grüner Pfeil) auf den Wasserturm zu, gehen nach 120 m durch eine Linkskurve und kreuzen nach 250 m einen Radweg, um leicht links versetzt geradeaus auf der Radbrücke die Straße zu queren. Nach der Brücke folgen Sie dem (roten) Radweg geradeaus durch das Wohngebiet bzw. gehen erst rechts und später links daneben, bis Sie eine Hauptstraße erreichen, wo Sie hinter dem Radabstellplatz die Treppe aufwärts nehmen. Rechts befindet sich die Bushaltestelle Richtung Leiden.

Bei Knotenpunkt 62 (km 3,5) halten Sie sich rechts (Richtung 25, grüner Pfeil) und passieren nach 150 m zur Linken eine Stelle mit gutem Blick auf den Teich. Kurz darauf (km 3,9) halten Sie sich zweimal links (roter Pfeil, Richtung Wassenar) und wandern jetzt durch Wald statt Dünen. Nach 5 Min. ignorieren Sie den rechts abzweigenden Pfad, gehen geradeaus (rot-weiß, roter Pfeil, Vogelkijkhut 170 m) und passieren nach 170 m zur Linken einen Vogelbeobachtungspunkt. Die nächste Kreuzung bei Knotenpunkt 25 (km 5,3) ist der Wendepunkt dieser Tour. Sie gehen rechts wieder in nördliche Richtung auf einem sandigen Pfad durch Dünen (roter Pfeil, Richtung 63).

Runde zum/auf dem Atlantikwall (0,7 km):

Geradeaus bietet sich eine kurze Schleife an, die zu Resten des Atlantischen Verteidigungswalls und daran entlang führt. Dazu gehen Sie bei der Kreuzung von Knotenpunkt 25 geradeaus, vorbei an der Infotafel und nach 150 m bei der T-Kreuzung links (rot-weiß, roter Pfeil). Nach 100 m durchqueren Sie links das Holzgatter und folgen dem Pfad erst rechts neben und später auf der Mauer, die als Teil des Atlantikwalls im Zweiten Weltkrieg erbaut wurde.

Bei einer Kreuzung mit einem sandigen Weg und einem Holzgatter zur Rechten gehen Sie links nordwärts wieder zurück zum Knotenpunkt 25 und dort geradeaus weiter.

Atlantikwall

Im Zweiten Weltkrieg bauten die Nationalsozialisten eine 2.685 km lange Küstenbefestigung zwischen Norwegen und Spanien entlang des Atlantiks und der Nordsee, um die besetzten Gebiete im Westen gegen eine Invasion der Alliierten zu schützen. Hitler hatte ursprünglich einen 5.000 km langen „Gürtel von Bollwerken" angestrebt. Dieser an sich schon größenwahnsinnige Plan wurde zwischen 1942 und 1944 nur in Ansätzen umgesetzt. Der (später) mit dem Aufbau betraute Generalfeldmarschall Rommel hatte als Ziel keinen eigentlichen Wall vor Augen, sondern eine ganze Kette einzelner Befestigungen, insgesamt etwas mehr als 8.000 Bunker – heute ein Paradies für Eidechsen und Fledermäuse. Teile des Atlantikwalls sind in den Niederlanden erhalten und werden von folgenden Wanderungen in diesem Buch berührt: 13, 14, 15, 16, 18, 20 und 21.

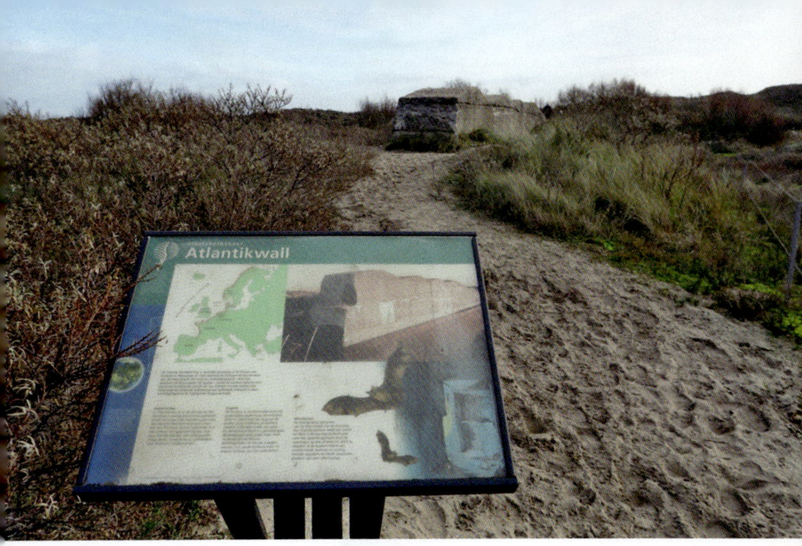

Atlantikwall

Nach dem Passieren eines Holzgatters (km 5,4) müssen Hunde angeleint sein. Hinter einem weiteren Gatter (km 6,1) wenden Sie sich bei einer T-Kreuzung mit einem befestigten (Muschelschalen-)Weg nach links Richtung See.

Nach der Querung eines Radweges geht es aufwärts auf die Düne und kurz darauf hinunter zum Strand, wo Sie rechts nordwärts Richtung Katwijk wandern.

Wenn Sie im Sommer tagsüber mit Hund unterwegs sind (☞ oben,) dürfen Sie nicht an den Strand und müssen alternativ rechts dem Radweg (bzw. rechts daneben dem Fußweg) nach Katwijk folgen.

Bei den ersten Häusern verlassen Sie den Strand und gehen rechts ins Landesinnere, vorbei an der Einkehrgelegenheit im Blockhausstil:

Strandhuys, Boulevard Zeezijde 47, ☎ 07 14 07 22 78,
www.strandhuyskatwijk.nl, täglich 9:00 bis 23:00

Am Strandende nehmen Sie die Treppe aufwärts, gehen rechts am Kreisverkehr vorbei und steuern auf dem Bürgersteig der Sportlaan wieder den Parkplatz an (bzw. biegen rechts vor dem Radweg in den Fußweg Richtung 64, falls Sie wie beschrieben von der Bushaltestelle gekommen sind).

Nordholland

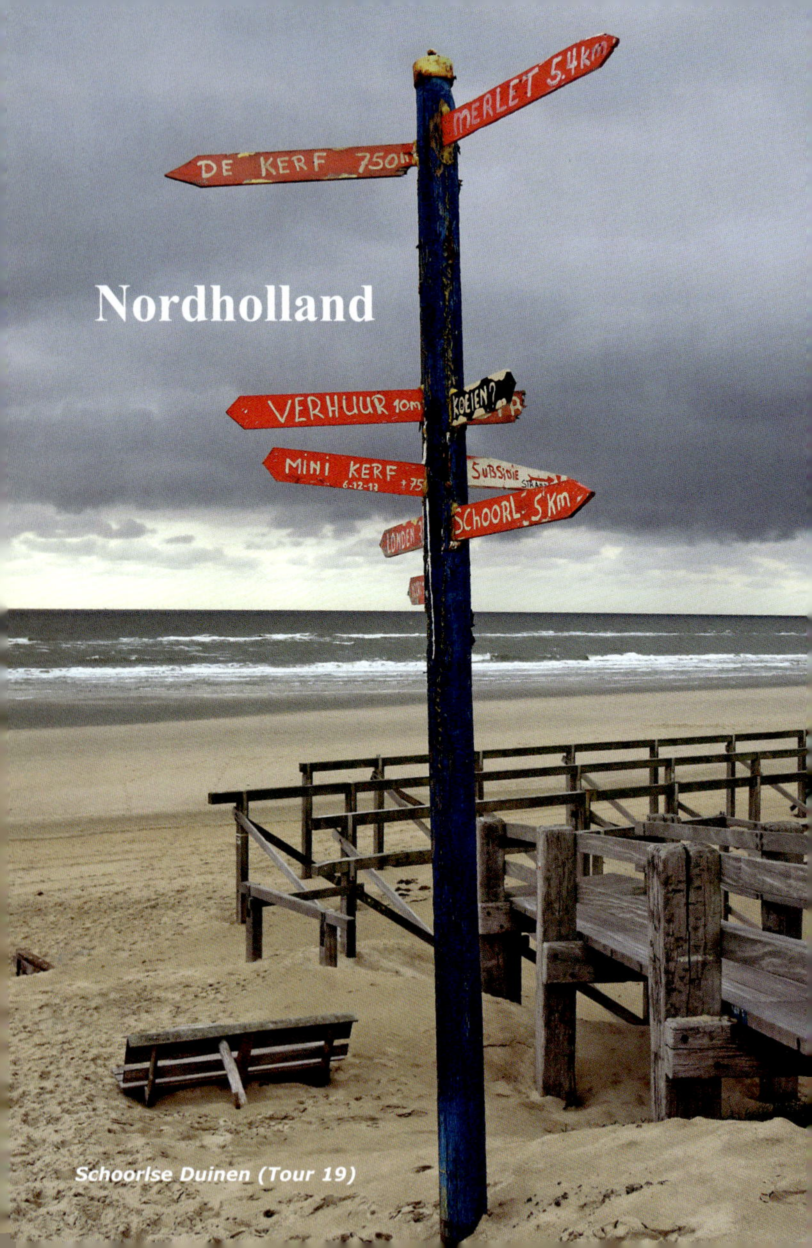

Schoorlse Duinen (Tour 19)

16 Rundwanderung durch die Amsterdamse Waterleidingduinen

Kammwanderung für Landschaftsgenießer

Die südwestlich von Haarlem gelegenen Amsterdamse Waterleidingduinen sind eines der beliebtesten Naherholungsgebiete im Großraum von Amsterdam. In dem gegen ein kleines Entgelt zugänglichen Schutzgebiet wird seit 1853 Trinkwasser für die niederländische Metropole gewonnen. Die Amsterdamse Waterleidingduinen sind damit nicht nur das älteste Wasserfördergebiet der Niederlande, sondern mit einer Fläche von 3.400 ha auch eines der größten Wandergebiete des Landes. Sie werden beim Wandern begleitet von Wald, Wasserläufen, Dünen mit schönen Aussichtspunkten und der größten Hirschpopulation der Niederlande. Diese Wanderung ist eine (nach Ansicht der Autoren die schönste) von mehreren vor Ort ausgewiesenen Rundwanderungen und wurde 2011 von der niederländischen Naturzeitschrift „Grasduinen" (heute „Roots") als eine der 10 schönsten Rundwanderungen des Landes ausgewählt.

Start/Ziel: Eingang Oranjekom/Oase, GPS N 52°20.742' E 004°34.922'

11 km

3 Std.

90 m/90 m

5 bis 35 m

stellenweise rot-weiße Markierung sowie blaue und grüne Pfähle

Sitzbänke bei km 0,3, km 2, km 8,7 und km 10,7

Einkehrgelegenheit am Start/Ziel: De Oase

WC — WC in der Einkehrgelegenheit und im Infozentrum nahe dem Start/Ziel

Die Wanderung ist für Kinder geeignet: Es gibt viel Wasser, Dünen mit schöner Aussicht, einen Bunker und ein altes Pumpenhaus als Infozentrum.

Für Buggys möglich, wenn Sie damit auch über harten Sandboden und kurz gehaltene Graswege gehen (bzw. rollen) können. Die 1,3 km lange sandige Passage durch die Dünen ab km 6,9 lässt sich auch umgehen.

Offiziell ist der Weg für „Hunde und andere Tiere" verboten. Pferde scheinen angesichts der Reitwege in dem Gebiet demnach nicht als Tiere zu gelten ...

P — Parkplatz am Eingang (€ 2 für die Tageskarte, zu lösen am Automaten am Parkeingang, nur Karte)

Bushaltestelle Aerdenhout-Waterleiding 100 m vom Eingang. Die Buslinie 9 (Connexxion) verkehrt stündlich zwischen Hillegom und Heemstede. Fahrpreis nach Hillegom € 3,60, nach Heemstede € 1,30, www.9292.nl

Vom Parkplatz laufen Sie zum Eingang des Dünenreservats und lösen dort die obligatorische Eintrittskarte (€ 1,50 für die Tageskarte, nur Kartenzahlung). Weiter gehen Sie geradeaus.

Abstecher zum Besucherzentrum (➲ 500 m zusätzlich):

50 m nach dem Eingang ist nach rechts auf dem Holzbohlenweg ein Abstecher zum Besucherzentrum möglich, das in einem alten Wasserwerk direkt an einem Teich untergebracht ist.

i Bezoekerscentrum De Oranjekom, Eerste Leijweg 6, ☎ 02 06 08 75 95, Di bis So 10:00 bis 17:00. Kleine Ausstellung über die Natur in dem Gebiet sowie die Wassergewinnung dort. Alternativ bekommen Sie auch hier eine Eintrittskarte, außerdem gibt es eine brauchbare Karte mit den markierten Rundwegen (€ 3).

Oranjekom mit Infozentrum

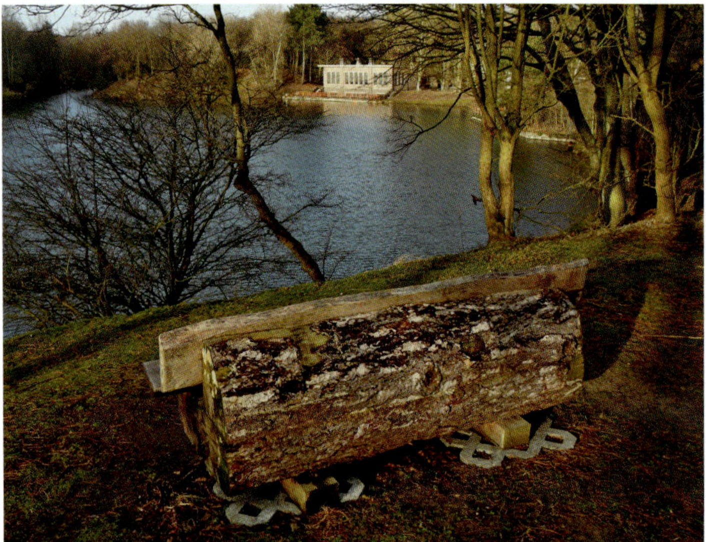

Nach dem Eingang gehen Sie auf dem asphaltierten Weg geradeaus und nach 200 m links am Weiher Oranjekom vorbei, benannt nach dem Prins van Oranje,

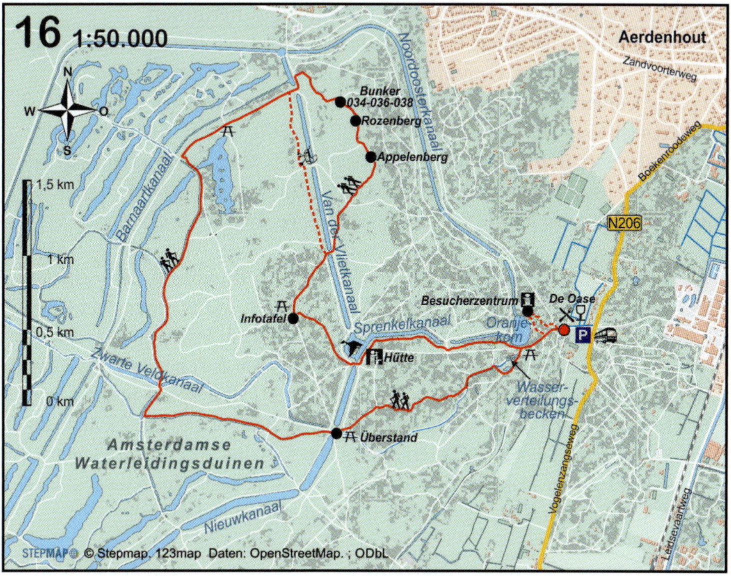

der hier 1851 den ersten Spatenstich zum Anlegen der Wasserleitung durch die Dünen machte. 50 m nach dem Aussichtspunkt mit Bank wandern Sie nach links (blauer Pfahl, rot-weiß), links vorbei am Wasserverteilungsbecken. Von hier wird vorgereinigtes Rheinwasser auf das Dünengebiet verteilt, wo es nach drei Monaten Infiltrationszeit (Versickerung) als Trinkwasser zur Verfügung steht. 100 m nach dem Verteiler gehen Sie bei der Gabelung rechts (km 0,6) – anders als die Markierungen. Nach der nächsten Brücke halten Sie sich links, rechts neben dem Kanal, um bei der folgenden Brücke bei der Kreuzung wieder auf den mit blauen Pfählen und rot-weißer Markierung gekennzeichneten Weg zu treffen (km 1), dem Sie nun rechts folgen. Bei einer T-Kreuzung mit gepflastertem Weg (km 1,7) wenden Sie sich nach links (blauer Pfahl, rot-weiß) und bei einer Kreuzung mit gemauertem Überstand und Bank (km 2) gehen Sie geradeaus auf dem Grasweg rechts neben dem Kanal weiter, ebenso bei der nach 500 m folgenden Kreuzung, wo Sie über ein Viehgitter laufen. Das Gebiet auf der anderen (linken) Seite vom Kanal heißt „Eiland van Rolvers", benannt nach der Familie Rolvers, die in der ersten Hälfte des 19. Jh. diesen Boden bewirtschaftete.

Damhirsche fühl(t)en sich wohl in Waterleidingduinen

Die Anzahl des Symboltiers Damhirsch hat in den letzten Jahren so stark zugenommen, dass sich die Gemeinde Amsterdam infolge der vielen Schäden (u. a. an Bäumen) zu Abschüssen in den Wintermonaten entschlossen hat. Damit soll die Population in fünf Jahren von fast 4.000 auf 800 Tiere sinken. Daher ist bis etwa zum Jahr 2020 in den Monaten November bis März an Werktagen jagdbedingt mit Einschränkungen zu rechnen. Das Wildfleisch landet vor allem bei lokalen Restaurants, ein Fünftel geht an gemeinnützige Zwecke (Tafelprojekte).

Nach einem weiteren Viehgitter erreichen Sie eine T-Kreuzung mit gepflastertem Weg vor einem Kanal (km 3,4) und gehen rechts, rechts neben dem Kanal, um nach 5 Min. bei einer Kreuzung geradeaus den Spurweg zu nehmen. 70 m nach der Kreuzung halten Sie sich rechts (km 3,7) und laufen auf dem Weg rechts neben dem Kanal weiter (optional ist es 150 m später noch an einer Brücke möglich, auf die rechte Kanalseite zu wechseln). Nach rund 25 Min. stoßen Sie wieder auf einen gepflasterten Weg (km 5,4) und gehen auf diesem nach rechts (jetzt grüner Pfahl), mit etwas Abstand links an einem Teich vorbei. Nach knapp 15 Min. (km 6,3) folgen Sie dem Weg durch die Linkskurve.

Kürzere/leichtere Alternative (➲ 0,1 km weniger und kein Sandweg):

Der folgende 1,3 km lange Abschnitt ist aussichtsreich, führt aber etwas beschwerlich auf sandigem Weg durch die Dünen. Eine leichtere Abkürzung ist möglich und für Buggys ein Muss: Dazu biegen Sie vor der Linkskurve rechts auf dem breiten Weg in südliche Richtung ab und bleiben immer auf der rechten Seite vom Kanal, bis Sie nach 1,2 km bei einer Brücke wieder die Hauptroute erreichen (bei km 8,2) und hier rechts weiter gehen.

50 m nach der Linkskurve nehmen Sie den rechts abzweigenden Sandweg durch Wald und folgen nach 5 Min. (km 6,9) dem Sandpfad, der nach rechts bei einer Sandfläche vor drei Bunkern (nummiert: 034, 036, 038, davon einer mit Schornstein) aufwärts führt. Insgesamt liegen in diesem Dünenreservat 200 Bunker als Teil des Atlantischen Verteidigungswalls (☞ Wanderung 15) verstreut. Der Pfad ist etwas beschwerlich zu gehen, führt aber aussichtsreich im leichten Auf und Ab über die Dünen, mit Blick zurück auf die „Skyline" von Zandvoort. Die Wegführung ist deutlich, kleinere abzweigende Pfade ignorieren Sie. Der Weg ist nicht markiert, darf aber (wie alle kleinen Pfaden in dem Gebiet) begangen werden.

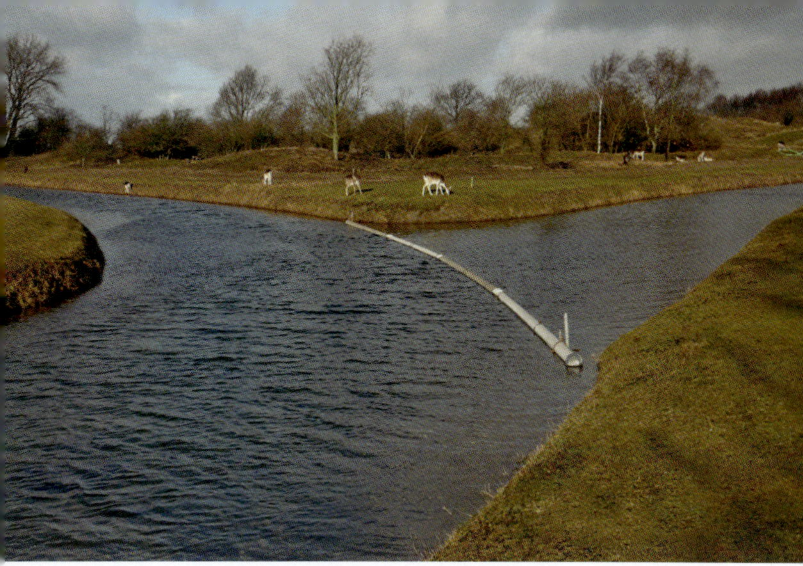

Keine Seltenheit in den Waterleidingsduinen: Damhirsche

Bei einer Kreuzung mit kopfsteingepflastertem Weg (km 7,8) gehen Sie geradeaus (wieder grüner Pfahl). Nach einer Brücke (km 8,2) mündet von rechts die Abkürzung (☞ oben) ein. Sie laufen geradeaus weiter und folgen nach 50 m dem Spurweg weiter geradeaus.

Bei der nächsten Kreuzung (km 8,7) mit Bank und zwei Masten informiert eine Tafel über den Absturz eines britischen Flugzeugs am 13.04.1945 an dieser Stelle. Sie folgen den blauen Pfählen nach links auf dem Sandweg durch Wald und gehen bei der Kreuzung zwischen Kanälen geradeaus (km 9,2) und 50 m danach ganz links leicht abwärts, nach 100 m vorbei an einer Vogelbeobachtungshütte mit Blick auf die Vogelinsel unten links. Dieser Fußweg führt Sie rechts oberhalb vom Sprenkelkanal wieder zurück Richtung Ausgang. An der Kreuzung bei einem Kanalübergang (km 10,1) wandern Sie leicht rechts versetzt geradeaus auf dem Pfad weiter, immer noch rechts oberhalb vom Sprenkelkanal, passieren wieder Oranjekom mit Aussichtspunkt und Bank (km 10,7) sowie dem Besucherzentrum links (➲ 200 m) und erreichen schließlich den Ein-/Ausgang in das Gebiet. Gleich links dahinter liegt links eine Einkehrgelegenheit:

De Oase, 1e Leijweg 9, ☎ 02 35 84 65 93, 10:00 bis 19:30, Pfannkuchen und mehr in einem ehemaligen Bauernhaus

⑰ Rundwanderung durch die Kennemerduinen

Dünenwanderung für Landschaftsgenießer

Die Kennemerduinen sind ein beliebtes Naherholungsgebiet westlich von Haarlem, das seit 1995 als 3.800 ha großer Nationalpark ausgewiesen ist, in dem mehr als 600 Pflanzenarten wachsen. In diesem 5 km breiten Dünengürtel befand sich im späten Mittelalter ein Jagdrevier für Adlige und bis zum letzten Jahrhundert ein wichtiges Wasserfördergebiet. Die Wassergewinnung wurde 2003 infolge des sinkenden Grundwasserspiegels eingestellt. Das Gebiet erfreut sich bei Wanderern und Radlern großer Beliebtheit. Diese Wanderung bietet Dünen, Kiefernwälder, einen Badesee sowie optional einen Abstecher zur Nordsee. Die Namen mancher Dünen weisen auf die Tierwelt hin: Konijnenberg, Hazenberg. Aber es sind auch große Graser wie Schafe, Shetland-Ponys und schottische Hochlandrinder anzutreffen.

Start/Ziel: Bezoekerscentrum De Kennemerduinen, GPS N 52°23.782' E 004°35.570'

8,5 km

2 Std. 30 Min.

110 m/110 m

3 bis 24 m

zahlreiche Markierungen: Pfeile in unterschiedlichen Farben (v. a. rot, violett, blau) sowie rot-weiße Markierungen

Tisch und Bank kurz vor Schluss bei km 8 sowie mehrere Bänke zwischen km 1,2 und km 7,1

Einkehrgelegenheit im Besucherzentrum am Start/Ziel sowie an der Variante am Strand

Badegelegenheit am See Het Wed nahe dem Startpunkt bei km 0,3 sowie an der Variante am Strand

Die Runde ist für Kinder gut geeignet und nicht zu lang.

Für Buggys geeignet, allerdings gibt es einige Teilstrecken, die über Sand führen.

Hunde müssen in dem Dünengebiet an der Leine geführt werden.

P Parkplatz am Besucherzentrum: Koevlak, Zeeweg 12, GPS N 52°23.782' E 004°35.570' (€ 8 pro Tag, nur Kartenzahlung)

Bushaltestelle am Besucherzentrum: Overveen, Kennemerduinen. Die Linie 81 (Connexxion) verkehrt halbstündlich von/nach Haarlem und Zandvoort, einfache Fahrt € 5. www.9292.nl

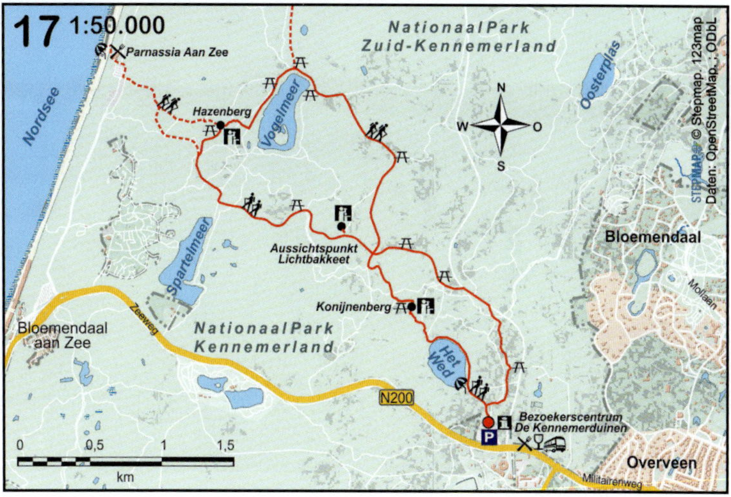

🛈 ❀ Bezoekerscentrum De Kennemerduinen, Zeeweg 12, Overveen, ☎ 02 35 41 11 23, 💻 www.np-zuidkennemerland.nl, 🚪 Di bis So 10:00 bis 17:00, Eintritt frei

Vom Infozentrum zum Noordhollandse Duinreservaat folgen Sie dem Hauptweg links am Radstellplatz vorbei und erreichen nach 250 m den See Het Wed mit ⛱ unbewachter Badestelle (🚪 Badesaison 1.5. bis 30.9.) (☞ 📷 nächste Seite).

Dort halten Sie sich rechts und umrunden den Badesee auf der rechten Seite am Ufer. An der anderen Seeseite folgen Sie bei der Infotafel dem Sandweg aufwärts (u. a. grün, gelb) und halten sich nach 150 m bei einer Gabelung links. Sie durchschreiten ein Gatter und weiter aufwärts auf den Konijnenberg mit einer Aussichtsplattform und Bänken (km 1,2, ⇧ 30 m). Weiter geht es geradeaus abwärts, wobei Sie nach 100 m den links abzweigenden Weg ignorieren. Bei der folgenden Kreuzung (km 1,6) biegen Sie nach rechts (gelb, grün) und bei der nächsten Kreuzung nach 100 m nach links ab (u. a. Vogelmeer 1,8 km, Parnassia Strand 2,9 km). Erst später tauchen blaue und rot-weiße Markierungen auf.

↳ Nach 250 m lohnt sich nach rechts ein Abstecher (➲ 2 x 50 m) zum Aussichtspunkt Lichtbakkeet (km 2,1, ⇧ 25 m).

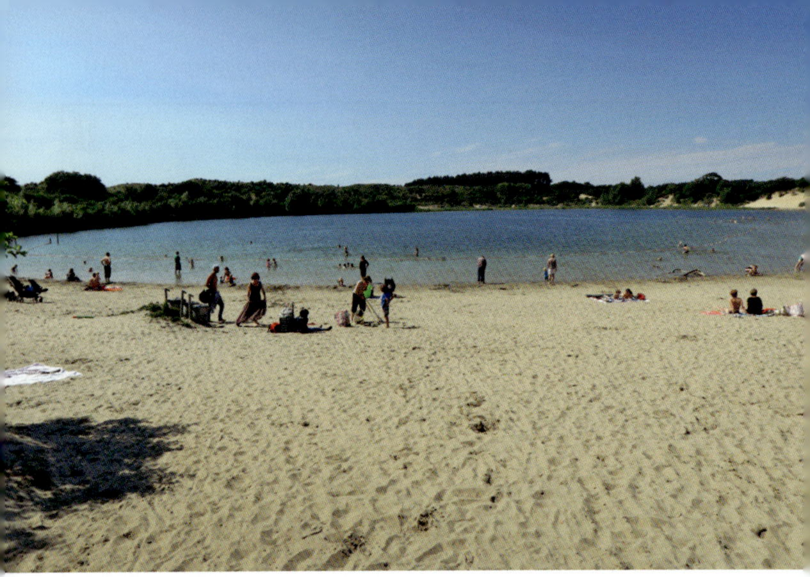

Badestelle für Menschen: Het Wed

Weiter geht es auf dem rot-weiß und blau markierten Weg in westliche Richtung.

5 Min. nach dem Abstecher gehen Sie bei einer Abzweigung geradeaus (blau) und passieren nach 50 m zur Linken eine ⛬ Bank.

Nach einem Gatter erreichen Sie einen (gepflasterten) Radweg (km 3,3), dem Sie nach links folgen. Nach 100 m ignorieren Sie den links abwärts führenden Schotterweg und bleiben noch kurz auf dem Radweg geradeaus (blau), um ihn nach 20 m bei Mülltonnen und Holzgeländer auf dem rechts aufwärts führenden, abzweigenden Sandweg zu verlassen (Uitzichtspunt Hazenberg 275 m), der schön auf dem Dünenkamm zu dem Aussichtspunkt ansteigt.

Abstecher zur Nordsee (➲ 2,1 km länger):

Wenn Sie bei der Abzweigung auf den Hazenberg dem Radweg geradeaus folgen, erreichen Sie nach 1 km den Strandaufgang Parnassia aan Zee mit einer Einkehrgelegenheit:

✕ Parnassia aan Zee, ☏ 02 35 73 21 40, 💻 www.p-a-z.nl, ganzjährig täglich 9:00 bis 17:00, von April bis September bis 19:00. Der große Strandpaviljoen wurde 2004 modernisiert.

Zurück gehen Sie wieder auf dem Radweg bzw. dann 250 m nach dem Parkplatz auf den links abzweigenden Fußweg, der auf den Hazenberg führt, wo Sie wieder die normale Route erreichen (bei km 3,9).

Oben auf dem Hazenberg schöne Aussicht und Bänke (km 3,9, ⇧ 30 m). Der Blick reicht über Dünen zum Vogelmeer, zu den Industrieanlagen von IJmuiden im Norden und zu den Offshore-Windparks in der Nordsee im Westen.

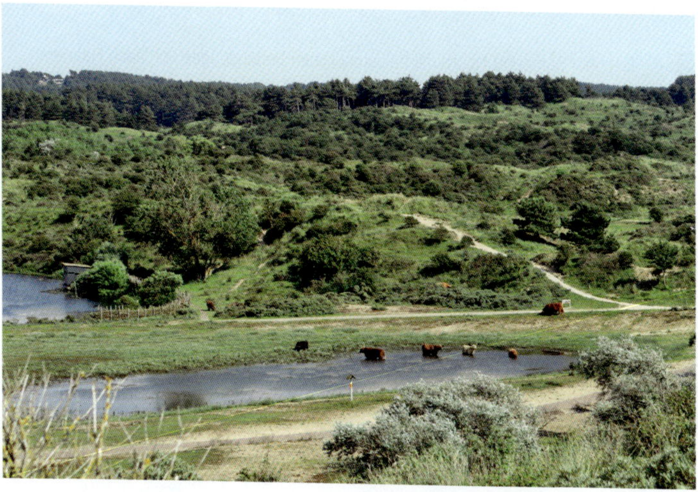

Badestelle für Galloways: Vogelmeer

Sie verlassen den Hazenberg auf dem rechts Richtung Vogelmeer hinunterführenden Pfad und ignorieren abzweigende Pfade. Unten erreichen Sie kurz vor dem Vogelmeer einen gepflasterten Radweg und folgen diesem nach links, vorbei an einer schönen Rastgelegenheit (Bank) mit Blick auf den See (km 4,6). Bei der nächsten Bank (mit Radständern) im Norden des Vogelsees verlassen Sie den Radweg, indem Sie auf den rechts abzweigenden Sandweg wechseln (u. a. Ingang Koevlak 3,6).

Variante zum Bahnhof Santpoort Noord (7,4 km):

Wenn Sie eine Streckenwanderung bevorzugen, können Sie den Rundweg an diesem (nördlichsten) Punkt verlassen und dem Radweg und später dem rot-weiß markierten Weg zum Bahnhof Santpoort Noord folgen. Die Höhepunkte des Rundweges liegen sowieso hinter Ihnen. Bei der Strecke nach Santpoort Noord erwarten Sie anfangs Dünen und später waldige Abschnitte.

Bei der Bank mit Radständern gehen Sie dafür auf dem Radweg weiter geradeaus (nordwärts). Dieser mündet nach 500 m in einen anderen Radweg. Ab hier folgen Sie weiter geradeaus Richtung Norden dem Fußweg. Bis zum Bahnhof Santpoort Noord begleitet Sie jetzt die rot-weiße (Wander-)Markierung einer NS-Route.

Bahnhof Santpoort Noord mit halbstündlichen Verbindungen von/nach Haarlem, www.ns.nl

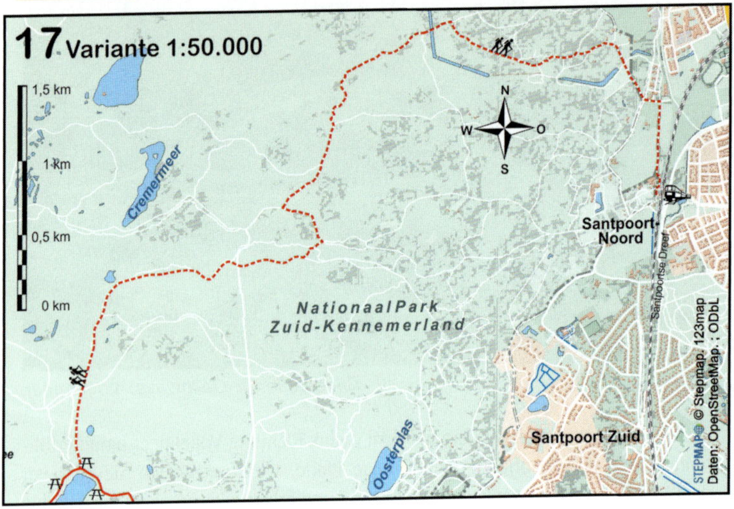

Wieder säumen einige Bänke den Weg, bei der zweiten ignorieren Sie den rechts abzweigenden Weg und folgen dem Sandweg geradeaus aufwärts (rot), um nach 200 m (km 5,2) bei einer Kiefer rechts abzubiegen (Ingang Koevlak 3.2 km).

Vor der nächsten Bank (km 5,8) ignorieren Sie den links abzweigenden (gelben) Weg und wandern geradeaus. Schließlich erreichen Sie wieder die Wegkreuzung (km 6,4), an der Sie schon vorher gewesen sind (bei km 1,7). Hier gehen

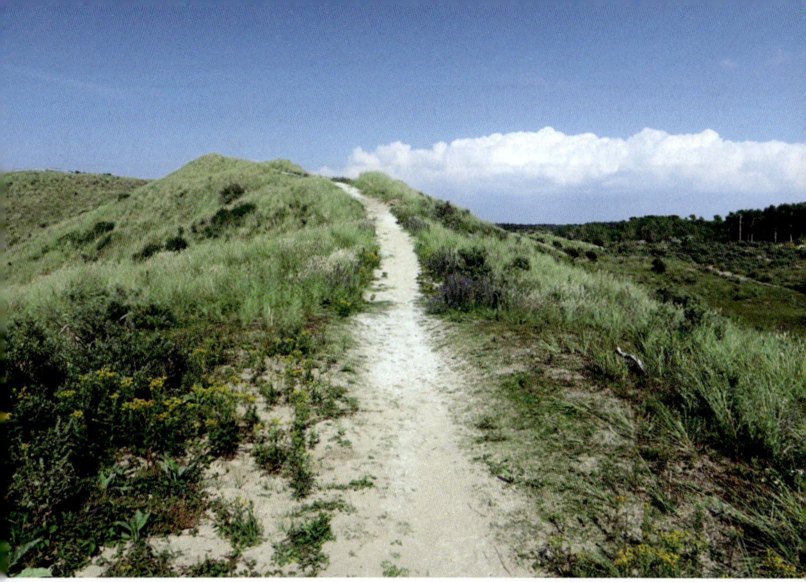

Kammweg in den Kennemerduinen (km 3,7)

Sie links (Ingang Koevlak, rot-weiß, grün, blau) oder – wie beim Hinweg – geradeaus und später am Badesee vorbei.

Beschrieben ist hier die erste Variante, also nach links: In einer Linkskurve ignorieren Sie bei ⛼ Bänken (2016 mit alten Baumresten) den rechts abzweigenden Pfad und gehen geradeaus weiter, um nach 180 m den asphaltierten Waterleidingsweg zu erreichen (km 7,3), dem Sie nach rechts folgen. ✋ Nach 200 m nehmen Sie den rechts in den Wald führenden Pfad (viele Farbmarkierungen: gelb, blau, grün, rot-weiß), der nach 60 m einen gepflasterten (Rad-)Weg quert. Sie ignorieren Abzweigungen und bleiben immer geradeaus auf dem Pfad. 5 Min. nach einem ⛼ Tisch mit Bank auf einer Sandfläche mündet der Pfad in den gepflasterten Radweg ein (km 8,3). Sie folgen ihm nach links, um nach 20 m wieder den Fußweg zu nehmen (blau, grün, gelb), vorbei an einer Metallsperre. Nach 50 m erreichen Sie den Zugangsweg zur Badestelle und folgen ihm nach links zum Besucherzentrum am Startpunkt mit einer Einkehrgelegenheit:

🍴 Duincafé, Zeeweg 12, ☎ 06 25 04 01 49, 🚪 Di bis So 10:00 bis 17:00, im Sommer auch länger, am Besucherzentrum, viele Bio- und regionale Produkte

⑱ Rundwanderung durch das Noordhollandse Duinreservaat

Tour für Naturfreunde

*Diese Rundwanderung führt durch das Noordhollands Duinreservaat – ein 5.300 ha großes Schutzgebiet in den Dünen zwischen Wijk aan Zee und Bergen aan Zee, das als Wasserreservoir rund 1 Mio. Menschen mit Wasser versorgt. Für das Gebiet muss am Eingang eine Eintrittsgebühr (*dagkaart*) gelöst werden. Die Wanderung beginnt und endet in/bei Castricum, früher Zentrum des Muschelfangs, heute Badeort.*

Start/Ziel: Castricum, Bahnhof, GPS N 52°32.722' E 004°39.537', optional Start von den genannten Parkplätzen (☞ unten)

16,9 km

4 Std. 30 Min.

160 m/160 m

0 bis 23 m

unterschiedliche Markierungen: teilweise rot-weißer Sticker für *NS-wandeling* sowie Pfeile unterschiedlicher Farbe (u. a. orange, grün, rot, violett)

Tisch und Bank beim Aussichtspunkt (km 7,5) sowie mehrere Sitzbänke zwischen km 2,7 und km 6,4 sowie zwischen km 13,4 und km 15,7

Einkehrgelegenheiten in Castricum sowie beim Infozentrum (km 3,7) und am Strand (km 10,3)

Einkaufsgelegenheiten am Start/Ziel in Castricum, etwa 200 m vom Bahnhof entfernt

WC WC in Einkehrgelegenheiten und im Infozentrum (km 3,7)

Badegelegenheit am Strand von Castricum zwischen km 8,2 und km 11,4

Für Kinder ist die Wanderung wegen des Strands und der Aussichtsdüne gut geeignet und ereignisreich.

Der Weg ist für Buggys wegen des sandigen Untergrundes nicht ideal. Wenn Sie auf den Radwegen bleiben, ist die Wanderung aber möglich.

Hunde können stellenweise mit, müssen aber angeleint sein. Es gibt zeitlich und örtlich abweichende Bestimmungen: Am Strand herrscht im Sommer (1.5. bis 1.10.) tagsüber (10:00 bis 19:00) Hundeverbot, auch wenn bei Begehung in Gehrichtung 2016 keine entsprechenden Verbotsschilder erkennbar waren.

P Parkplatz an der Westseite vom Bahnhof, am Eingang zum Noordhollandse Duinreservaat westlich von Castricum, km 1, GPS N 52°32.976' E 004°38.916', oder beim Infozentrum De Hoep, km 3,6, GPS N 52°33.642' E 004°38.147' (alle gratis)

Bushaltestellen in Castricum sowie im Sommer am Strandaufgang bei km 10,3

Bahnhof Castricum mit halbstündlichen Verbindungen auf der Strecke Den Helder – Amsterdam, Fahrpreis nach Den Helder € 10, nach Amsterdam € 5,50, www.ns.nl

Etwas beeinträchtigt wird die Tour durch den starken Luftverkehr oberhalb von Castricum, denn das Gebiet liegt in der Einflugschneise vom Flughafen Amsterdam-Schiphol.

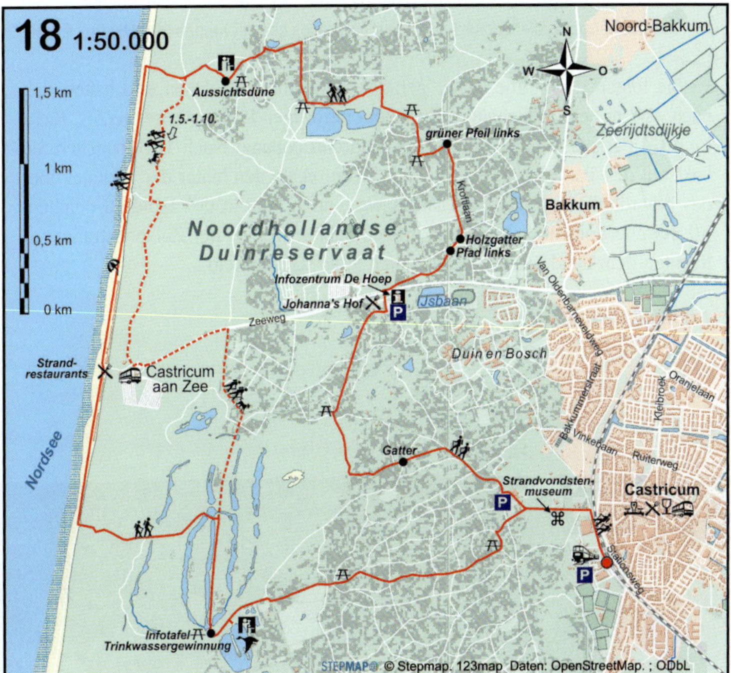

Die Wanderung beginnt am westlichen (Hinter-)Ausgang des Bahnhofs von Castricum (Westerplein), **P** wo auch gratis geparkt werden kann. Sie folgen der Straße nach rechts nordwärts, links neben der Bahnstrecke.

Nach 200 m passieren Sie den Bahnübergang, wo es rechts (Kramersweg) ins Zentrum von Castricum geht. Sie gehen aber geradeaus weiter, vorbei an Autostellplätzen, und folgen der Straße nach 150 m vor dem Ortsschild Bakkum durch die Linkskurve (Geversweg). 200 m wandern Sie auf der kopfsteingepflasterten Straße zu einem Museum, wo Sie auch die für die Wanderung nötige Zutrittskarte für das Dünengebiet erhalten (*dagkaart*).

⌘ Strandvondstenmuseum, www.strandvondstenmuseum.nl, Di, Mi, Fr und So 11:00 bis 17:00

Die *dagkaart* erhalten Sie neben dem Museum auch am Automaten auf der rechten Straßenseite, allerdings kann dort nur bargeldlos gezahlt werden (Kreditkarte), € 1,80.

Sie folgen der Straße weiter geradeaus Richtung Wäldchen und halten sich nach 200 m bei der Gabelung vor einem pilzartigen Radwegweiser rechts, Richtung P Parkplatz (Geversweg), am Waldrand entlang. Nach 150 m gehen Sie links auf den Parkplatz, um dort nach 30 m rechts den hinter der Infotafel über das Noordhollands Duinreservaat abzweigenden Pfad in den Wald zu nehmen. 50 m weiter folgen Sie bei einem grünen Schuppen (und der Zufahrtsstraße) zur Rechten dem Sandweg geradeaus durch Wald (Geversweg).

Nordhollandse Duinen

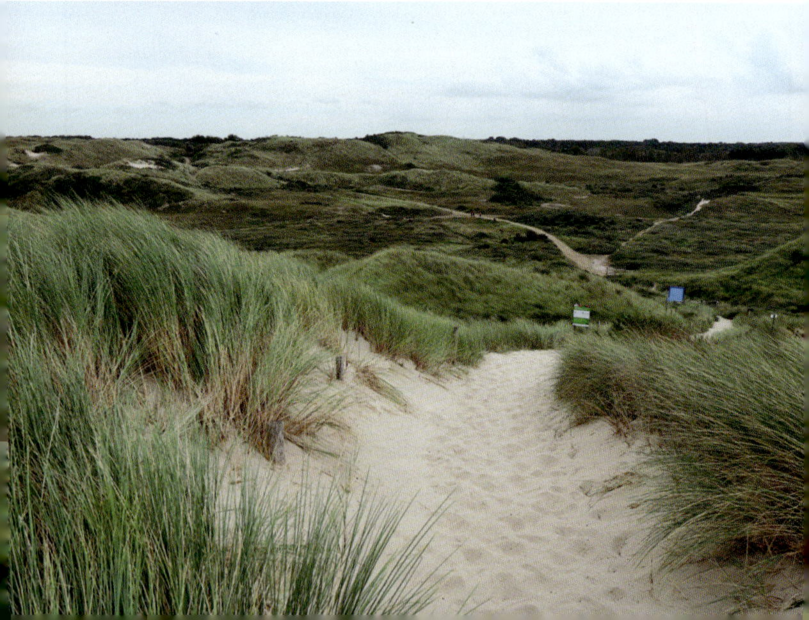

Nach 300 m erreichen Sie eine Gabelung mit einem Tor links (km 1,4). Sie halten sich rechts (grüner Pfeil) und folgen dem Waldweg rechts neben dem Zaun. Bei einer weiteren Gabelung bei einem Gatter (km 1,8) gehen Sie geradeaus bzw. rechts und bleiben weiter rechts neben dem Zaun. Nach 400 m halten Sie sich bei einer T-Kreuzung mit einem gepflasterten (Rad-)Weg rechts (oranger Pfeil) und nach 50 m, vor einer Rechtskurve, links (u. a. oranger Pfeil) und folgen dem Pfad über Gras und Sand.

Noordhollands Duinreservaat – Sandherkunft bestimmt Vegetation

Bemerkenswert sind die Unterschiede der Vegetation in dem Dünengebiet: Im Norden dominieren Heide und Krähenbeere, die kalkarme Böden bevorzugen, während im Süden kalkliebende Pflanzen wie Liguster sowie Sand- und Weißdorn gedeihen.

Die Erklärung liegt in der Herkunft des Dünensandes: Im Norden stammt der Sand mit nur rund 1 % Kalk aus den kalkarmen Sedimenten, die die Elbe in Hunderttausenden von Jahren in die Nordsee spülte, während der Sand im Süden (4 % Kalk) vom Rhein hergeschwemmt wurde, mit Herkunft in den schweizerischen (Kalk-)Alpen.

Bei einer Kreuzung mit Bank (km 2,7) nehmen Sie rechts den Groene Weg (Schild: Johanna's Hof, rot-weiße und blaue Markierungen) und queren kurz darauf einen Radweg, um weiter geradeaus dem alleeartigen, breiten Sandweg zu folgen (rot-weiß und grüner Pfeil).

Bei dem P Parkplatz (km 3,6) halten Sie sich links und gehen zur Straße. Links liegt eine Einkehrgelegenheit, rechts ein Infozentrum:

i Infozentrum De Hoep, Johannisweg 2, ☏ 02 51 66 10 66, täglich außer Mo 10:00 bis 17:00, Eintritt gratis

✕ Johanna's Hof, Johannisweg 3, Bakkum, ☏ 02 51 65 24 86, www.johannashof.nl, ganzjährig täglich 8:30 bis 20:00, großer Landgasthof mit großzügiger Terrasse

Sie überqueren die Straße und gehen auf der anderen (nördlichen) Straßenseite auf dem Rad-/Fußweg nach rechts, um nach 50 m bei der Infotafel den links in den Wald abzweigenden Pfad zu nehmen (rot-weiß, grün). 250 m nach der Querung eines Radweges biegen Sie bei einem geradeaus weisenden grünen Pfeil (km 4,3) in den links abzweigenden Pfad und passieren nach 100 m ein Holzgatter. Bei der Kreuzung dahinter halten Sie sich links.

Nach 5 Min. erreichen Sie eine Kreuzung, wo links der Rendorpsweg zu einem Campingplatz abzweigt. Sie aber laufen geradeaus auf dem Spurweg durch Wald (Kroftlaan, rot-weiß), um nach 200 m bei einer weiteren Kreuzung dem grünen Pfeil nach links zu folgen (km 5).

Bei einer T-Kreuzung mit dem Waldweg Kweekboslaan und einer ⩩ Bank links gehen Sie nach rechts und nach 100 m bei einer Kreuzung vor einem Graben und einer freien Fläche geradeaus. Nach 120 m gabelt sich der Weg: Sie wenden sich nach links – kurz darauf ist ein Stein rot-weiß markiert und eine ⩩ Bank bietet eine Sitzgelegenheit.

100 m nach der Bank ignorieren Sie die linke Abzweigung und wandern geradeaus über die freie Fläche (rot). Bei einer T-Kreuzung mit einem gepflasterten Radweg (km 5,8) folgen Sie diesem nach rechts (Melkvlakweg, rot-weiß). ☝ Nach 150 m geht es links auf dem Pfad am Waldrand entlang (roter Pfeil).

Bei einer Kreuzung vor einer Holzbank (km 6,4) folgen Sie dem roten Pfeil nach rechts und ignorieren nach 200 m den rechts abzweigenden Weg. 70 m nach der Querung eines Radweges erreichen Sie vor einer freien Fläche eine

Auch bei Möwen beliebt: Strand der Nordhollandse Duinen (bei Castricum)

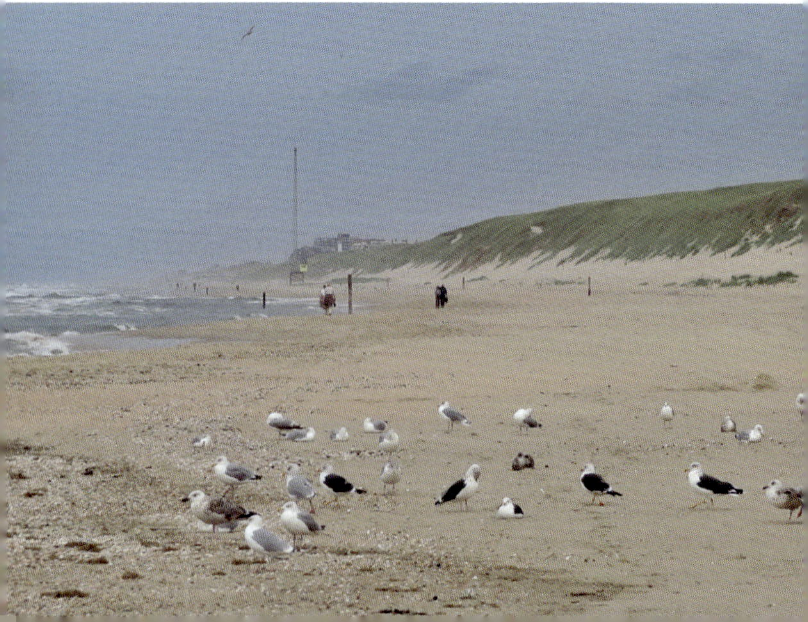

T-Kreuzung (km 6,9), wo Sie nach links auf den Spurweg abbiegen (roter Pfeil). ☝ Nach 200 m halten Sie sich bei einer Gabelung rechts von einem Teich rechts (roter Pfeil) und nach 70 m am Ende des Teichs links. Sie erreichen nach 100 m den Radweg, queren ihn und gehen geradeaus bzw. um 3 m nach rechts versetzt auf dem geklinkerten Weg Richtung Dünen, vorbei an der Infotafel über die Aussichtsdüne und Militäranlagen. Nach 50 m bietet eine Gabelung zwei Optionen an: rechts aufwärts direkt zum Strand oder links aufwärts zur Aussichtsdüne und weiter zum Strand.

Da der linke Weg über die Aussichtsdüne nur unwesentlich länger ist, empfiehlt sich dieser Weg, der Sie nach 300 m auf die Aussichtsdüne führt (km 7,5, ⇧ 30 m), wo Tisch und Bank warten. Der Blick reicht weit über die Dünenlandschaft nordwärts nach Egmond und südwärts zu den – weniger schönen – Schloten des Stahlwerks von IJmuiden. Diese Aussichtsdüne diente im Zweiten Weltkrieg als Fundament für einen 90 m hohen Holzturm mit einem Radar im Versuchsstadium, genannt „Großer Elefant". Er war von zahlreichen Geschützstellungen und Bunkern umgeben.

Hinunter geht es rechts abwärts über Plastikstufen. Nach 200 m erreichen Sie den breiten Zugangsweg zum Strand und folgen diesem nach links zur Küste.

Variante durch die Dünen – Alternative für Hunde im Sommer (➲ gleich lang):

Nach 170 m zweigt links ein Weg in die Dünen ab: der Vlewosche Weg Richtung Castricum (gelber Pfeil). Diese Alternative führt Sie durch die Dünen statt an der Küste entlang – eine Option, falls Sie im Sommer mit Hund unterwegs sind, der vom 1.5. bis zum 1.10. ja nicht auf den Strand darf. Es gibt unterwegs mehrere Abzweigungen: Bei der ersten Gabelung (nach 50 m) halten Sie sich rechts und nach 0,9 km links (mit dem Rücken zum Meer), um nach 70 m wieder nach rechts in südliche Richtung abzubiegen. Nach 1,2 km erreichen Sie den Strandaufgang von Castricum mit Parkplatz und Bushaltestelle. Dort nehmen Sie links den neben der Straße landeinwärts führenden Radweg und nach 700 m den rechts südwärts führenden Radweg, der Sie geradeaus nach 1,4 km zur Wanderroute führt, die von rechts einmündet. Hier gehen Sie weiter geradeaus, ab km 12,6 in der Beschreibung der normalen Route.

Am Strand angekommen folgen Sie diesem links südwärts und passieren nach 30 Min. den Strandaufgang Castricum mit mehreren Einkehrgelegenheiten (km 10,3):

Es gibt mehr als drei Einkehrgelegenheiten direkt am Strand mit netter Terrasse bzw. Aussicht, davon sind auch mehrere ganzjährig geöffnet, z. B. Deinig (mit Fairtrade), Zoomers, Zeezicht Paviljoen aan Zee.

Am Kreisverkehr 150 m landeinwärts vom Strandaufgang finden Sie die Bushaltestelle Castricum aan Zee mit Verbindungen in den Sommermonaten: Linie 868 (Connexxion) halbstündlich von/nach Castricum. www.9292.nl

Strandrestaurant Castricum aan Zee

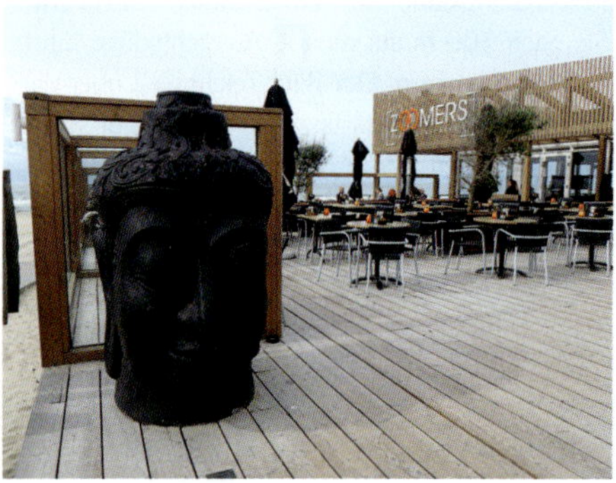

Nach 1,1 km (km 11,4) markieren blaue Mülltonnen und Schilder links am Dünensaum einen Strandaufgang. Dort geht es entlang, hinauf auf die Dünenkette, die Nordsee im Rücken und landeinwärts.

Bei der T-Kreuzung mit dem Radweg folgen Sie diesem nach rechts, u. a. Richtung Heemskerk (dorthin sind 7,3 km angegeben). Nach 10 Min. erreichen Sie eine Bank mit rechts einem Teich bzw. einer Infotafel zu Dünen und Trinkwassergewinnung dort (km 13,4). Nach 50 m biegen Sie in den breiten Weg links ab, der über Gras und Sand oberhalb einer großen Wasserleitung verläuft (roter Pfeil).

Wasser für eine Million Menschen

Wasserleitungen gibt es allerorten in dem Gebiet. Nachdem infolge der Wasserförderung im 19. Jh. der Wasserspiegel zu sinken begann, wurde Wasser von Rhein und IJssel hierher geleitet. Heute wird das vorgereinigte Wasser vom IJsselmeer durch eine 52 km lange Wasserleitung hierher gepumpt, um es durch die Sandschichten 40 m tief versickern und damit reinigen zu lassen und dann als Trinkwasser hinaufzupumpen – 45 Mio. m³ im Jahr, das entspricht einem Würfel von rund 350 m Kantenlänge und reicht für rund 1 Mio. Menschen.

Nach 100 m ist nach rechts ein kurzer Abstecher zu einem Vogelbeobachtungsstand möglich (2 x 40 m).

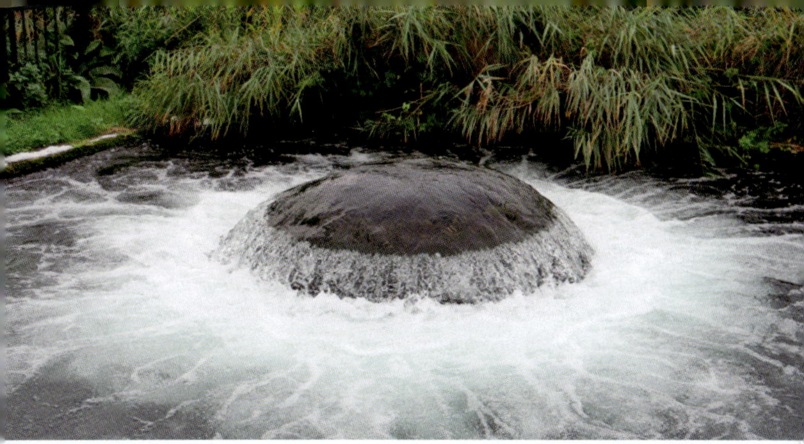

Wasser für 1 Mio. Menschen aus den Nordhollandse Duinen

100 m nach dem Abstecher wird der Weg schmaler, aber es geht weiter geradeaus auf einem Sandweg, ehe Sie sich nach 150 m bei einer Gabelung zweimal kurz nacheinander rechts halten, um danach dem gepflasterten (Rad-)Weg nach links zu folgen. Diesen verlassen Sie nach 100 m in einer leichten Rechtskurve, indem Sie links den Oude Schulpweg nehmen, der in derselben (östlichen) Richtung wie vorher der Radweg geradeaus führt (gesperrt für Radfahrer). Auf diesem Weg wandern Sie geradeaus durch den Wald und ignorieren Abzweigungen. 100 m nach einer ⩩ Bank (km 14,6) queren Sie einen Radweg mit einer weiteren ⩩ Bank und nehmen danach den halb rechts in den Wald führenden Spurweg (Oude Schulpweg, gelb/orange), dem Sie geradeaus folgen. Abzweigungen ignorieren Sie auch hier.

Nach 1 km erreichen Sie hinter einer etwas erhöht stehenden ⩩ Holzbank (links) in einer leichten Rechtskurve eine Gabelung (km 15,8), wo Sie den Oude Schulpweg verlassen, indem Sie den Weg links nehmen (violetter Pfeil). Bei der nächsten Gabelung (km 15,9) halten Sie sich rechts (violetter Pfeil) und kommen nach 80 m zu einer Kreuzung mit einer kleinen Straße. Der Weiterweg ist von Ihrem Startpunkt abhängig:

▷ Zum Parkplatz im Noordhollandse Duinreservaat gehen Sie links (orange, rot-weiß) auf dem breiten Sandweg.

▷ Nach Castricum (🚆 Bahnhof) folgen Sie der Straße geradeaus, auf den sichtbaren Kirchturm zu. Diese führt Sie vorbei am Strandvondstenmuseum zur Bahnlinie, wo Sie rechts zum Bahnhof bzw. vorher links über den Bahnübergang Richtung (überschaubares) Zentrum gehen.

⑲ Durch die höchsten Dünen Hollands

Kammwanderung für Landschaftsgenießer

Die nordwestlich von Alkmaar gelegenen Schoorlse Duinen sind mit Höhen von über 50 m die höchsten Dünen des Landes. Diese Rundtour führt als „Kammwanderung" über diese Dünenketten und bietet dabei weite Ausblicke ins Landesinnere, über die Dünen und hinaus auf die Nordsee. Neben Aussichtspunkten erleben Sie Kiefernwälder, Dünen und eine längere Strandpassage an der Nordsee entlang. Diese Rundwanderung kombiniert die schönsten Passagen der vom Staatsbosbeheer vorgeschlagenen Rundwege durch die Schoorlse Duinen, die vor Ort und in Karten ausgewiesen sind: Duinheide (11 km), Noordzee (10 km), Duintoppen (23 km), Stuifduintocht (17 km) und Boomplanters (12 km).

Start/Ziel: Infozentrum Schoorlse Duinen, GPS N 52°42.396' E 004°41.329'

14,9 km

4 Std.

230 m/230 m – für holländische Verhältnisse also durchaus eine alpine Wanderung

0 bis 54 m

zahlreiche Markierungen: Pfeile in unterschiedlichen Farben (v. a. rot, violett, blau) sowie rot-weiße Markierungen

zahlreiche Rastplätze/Sitzbänke im ersten (km 1,3 bis km 4,6) und letzten Drittel (km 10,1 bis km 14,4)

Einkehrgelegenheit im Besucherzentrum am Start/Ziel sowie im Sommer am Strand bei km 5,9 und km 8

WC WC in den Einkehrgelegenheiten und im Infozentrum am Start/Ziel

Badegelegenheit am Strand von Schoorl zwischen km 5,9 und 8

für Kinder gut geeignet und ereignisreich wegen des Strands und der vielen Aussichtspunkte

für Buggys nicht geeignet wegen des überwiegend sandigen Untergrundes

Hunde können mit, müssen aber von Anfang März bis Anfang September angeleint sein. Es gibt zeitlich und örtlich abweichende Bestimmungen: Am Strand herrscht im Sommer (1.5. bis 1.10.) Hundeverbot, aber das Strandstück lässt sich optional umgehen (ab km 5,1).

P Parkplätze beim Besucherzentrum in Schoorl, GPS N 52°42.396' E 004°41.329', sowie in Hargen aan Zee, km 5,2, GPS N 52°42.708' E 004°38.601', Gebühren: € 2 pro Stunde mit einem täglichen Maximum von € 12 in Schoorl und € 6 in Hargen aan Zee. Außerdem gibt es wenige kostenlose Parkplätze bei km 2,6, GPS N 52°43.159' E 004°40.103'.

Die Bushaltestellen in Schoorl (De Sanderije) sowie Groet (Kerkbrink) werden von Linie 155 (Connexxion) bedient. Mindestens stündliche Verbindungen zwischen Alkmaar und St. Maartenszee, einfache Fahrt € 5, www.9292.nl

Besucherzentrum Duinen von Staatsbosbeheer, Oorsprongweg 1, ☏ 07 25 09 33 52, www.staatsbosbeheer.nl/natuurgebieden/schoorlse-duinen/buitencentrum, täglich 10:00 bis 17:00, Eintritt frei, mit Bosbrasserie IJgenreis

Sie folgen dem Hauptweg rechts am Besucherzentrum des Staatsbosbeheer vorbei. Nach 50 m gehen Sie bei der Gabelung vor Tisch und Bank rechts und

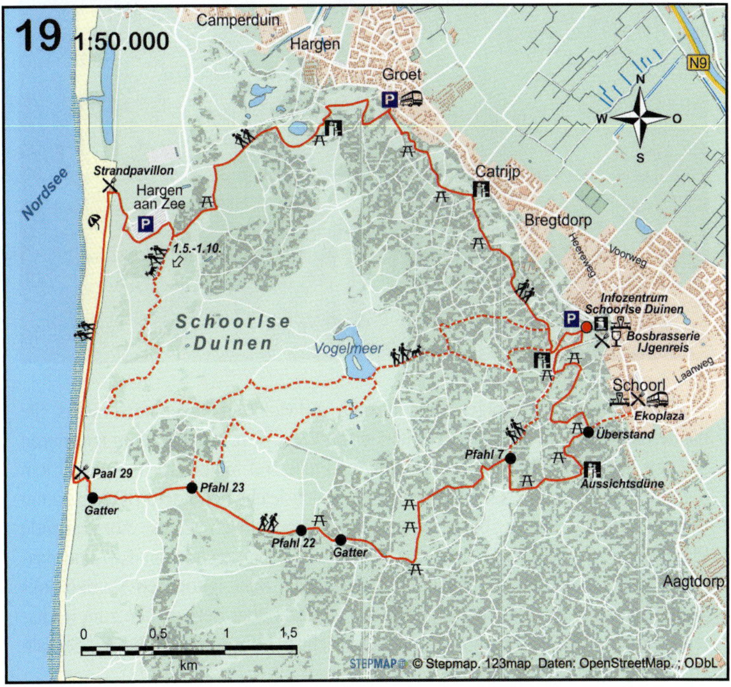

folgen dem Sandweg durch die Rechtskurve, ehe es kurz darauf nach einer Brücke auf Stufen geradeaus aufwärtsgeht. Am Ende der Treppe gehen Sie nach links und nach 20 m wieder rechts auf einer Treppe aufwärts (viele Farbmarkierungen).

tolle Sicht nach der Treppe (km 0,3, ⇧ 50 m) Richtung Landesinnere, Bank

Blick auf das Infozentrum Schoorlse Duinen (km 0,3)

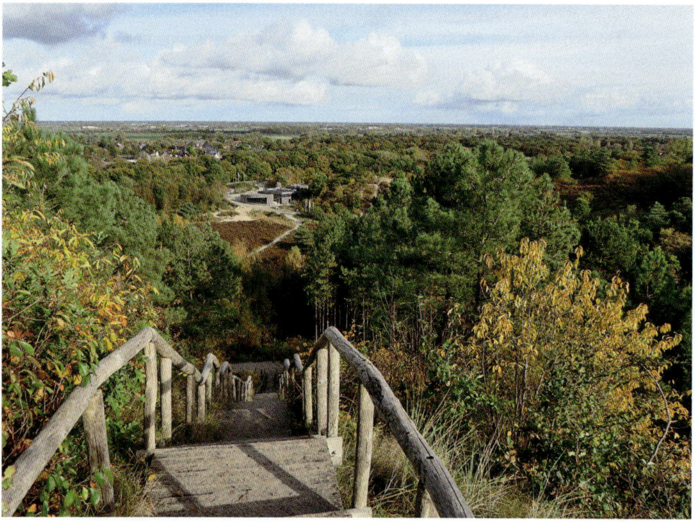

Oben angekommen folgen Sie den roten und violetten Pfeilen nach rechts. Sie bleiben auf dem mit roten Pfeilen markierten Weg, d. h., nach 200 m ignorieren Sie den links abzweigenden Pfad (violetter Pfeil) und folgen 30 m danach dem Sandweg leicht rechts. Der Weg führt über den leicht bewaldeten Dünenkamm und bietet weite Ausblicke in das Landesinnere nach rechts. Abzweigende Pfade beachten Sie nicht. Nach 10 Min. halten Sie sich rechts (km 1,4) und passieren kurz darauf eine Bank. 200 m nach der Bank ignorieren Sie den links abzweigenden Pfad und steigen geradeaus aufwärts über Betonstufen zum nächsten schönen Aussichtspunkt, einer Aussichtsplattform mit Bank oberhalb von Catrijp (km 1,6, ⇧ 50 m).

Sie gehen geradeaus weiter, passieren nach 200 m eine ⛩ Bank und ignorieren 30 m danach den links abzweigenden Weg. ✋ Nach 5 Min. (km 2,2, ⇧ 30 m) gabelt sich vor Ihnen der Weg, beide Varianten sind möglich und führen nach 5 Min. wieder zusammen. Links gehen Sie (auf breiterem Weg) 200 m länger (roter Pfeil), rechts führt ein kleinerer Weg mit schönem Blick über die Dünenkette (rot-weiß markiert), nach 20 m an einer ⛩ Bank vorbei und nach 200 m wieder an den Hauptweg mit rotem Pfeil heran, dem Sie rechts folgen.

Bei einem kleinen P Parkplatz kurz vor Groet (km 2,6, ⇧ 10 m) gehen Sie links (rot), nehmen den etwas beschwerlichen (weil sandigen) Weg hinauf auf die *Klimduin* („Kletterdüne") und halten sich oben an der T-Kreuzung rechts (rot), um nach 150 m bei der folgenden T-Kreuzung links in den Hogenolweg zu biegen (rot). Kurz darauf (nach 200 m) biegen Sie links in den Radweg. ✋ Nach 80 m steigen Sie rechts die (alte) Treppe hinauf (2016 fehlte hier der rote Pfeil). ⛩ Oben erwartet Sie eine weite Aussicht von einer hohen Düne mit Rastgelegenheit rechts (km 3,4, ⇧ 40 m). Das unterhalb von Ihnen liegende Dünental entstand durch Sandabbau.

Weiter geht es etwas links über den Dünenkamm links von dem Tal bzw. der alten Sandabbaugrube, nach 100 m vorbei an einer weiteren ⛩ Bank mit Blick auf die Grube und kurz darauf abwärts. Unten (km 3,9, ⇧ 15 m) halten Sie sich bei einer T-Kreuzung links (rot) und erreichen nach 250 m einen (asphaltierten) Radweg, dem Sie geradeaus folgen. ✋ Nach 250 m verlassen Sie den Radweg nach einer Rechtskurve, indem Sie links in den Fußweg biegen (Baaknolweg). Dieser geht 70 m nach einer ⛩ Bank in Sand über. Nach 10 m wechseln Sie rechts in den abwärtsführenden Sandweg, der am Rand des Kiefernwäldchens entlangführt.

Nach 5 Min. nähert sich der Weg einem Zaun an, hinter dem gelegentlich Vieh grast. 10 m vor dem Zaun folgen Sie (wieder) dem roten Pfeil nach rechts zum Parkplatz hin, den Sie nach 70 m erreichen (km 5,2, ⇧ 15 m).

☹ Abkürzung/Alternative für Hundehalter (➲ zurück 5,6 statt 9,7 km):

Falls Sie im Sommer (Anfang Mai bis Ende September) tagsüber (10:00 bis 19:00) mit Hund unterwegs sind, können bzw. dürfen Sie das folgende Teilstück am Strand nicht gehen. Alternativ folgen Sie dann dem grau markierten Weg (Stuifduinentocht), der links durch das Gatter führt. Nach 1,6 km halten Sie sich, die Küste im Rücken, links und folgen dem blau markierten Weg zurück zum Besucherzentrum (Noordzeewandeling).

Vor dem 🅿 Parkplatz **Hargen aan Zee** stehend geht es links auf dem Radweg weiter, links (südlich) am Parkplatz vorbei und am Ende des Parkplatzes nach dem Sendeturm rechts auf den Radweg. Nach 100 m halten Sie sich links (abwärts) und erreichen schließlich den Strand bei Hargen aan Zee (km 5,9, ⇧ 5 m).

✗ Strandpavillon Hargen aan Zee, Hargerstrandweg 1, ☏ 07 25 09 11 65, 💻 www.strandpaviljoenhargen.nl, Ende März bis Ende September täglich 10:00 bis 22:00

Jetzt folgt ein (2 km) langes Stück am Strand entlang, auch hier geht es sich meistens am Spülsaum am besten, wo der Sand etwas härter ist als weiter links Richtung Dünen. Nach einer guten halben Stunde (km 8, ⇧ 5 m) orientieren Sie sich bei einem hölzernen Gerüst bzw. einer Terrasse, dem Strandaufgang von Schoorl, wieder ins Landesinnere, indem Sie links aufwärts gehen.

✗ Paal 29, Hargerzeeweg 1, ☏ 07 25 09 15 32, 💻 www.paal29.nl, im Sommerhalbjahr (April bis Oktober) täglich ab 10:00 (Dauer je nach Wetter)

50 m nach Anfang des Betons bzw. beim Infoschild zum „Strandslag 22 Schoorl aan Zee" folgen Sie dem geklinkerten Radweg nach rechts (blauer Pfeil) und verlassen diesen nach 50 m bzw. nach der Linkskurve wiederum rechts auf dem Sandweg (rot-weiß, blauer Pfeil), links vorbei an einem Radstellplatz.

Nach 50 m passieren Sie ein Gatter. In dem folgenden (Dünen-)Gebiet grast manchmal Vieh (bis km 10,3), darum müssen Vierbeiner hier angeleint sein!

Weiter geht es geradeaus Richtung Osten. 5 Min. nach Querung des Radweges halten Sie sich bei einer Gabelung mit Pfahl 23 (km 9,1, ⇧ 15 m) rechts (blauer und violetter Pfeil), während der rot-weiß markierte Weg nach links abzweigt. Sie wandern erst durch eine Dünenlandschaft mit Heide und später durch Kiefernwald auf stellenweise etwas beschwerlichem Sandweg. Bei der Kreuzung mit Pfahl 22 (km 10) laufen Sie auf dem Spur-/Grasweg geradeaus und halten sich dann bei der T-Kreuzung vor einer Bank rechts, um bei der Gabelung nach 70 m links in den Frederiksweg zu biegen, der Sie bald wieder durch ein Gatter führt. 5 Min. nach dem Gatter folgen Sie bei einer T-Kreuzung (km 10,7, ⇧ 10 m) dem Kiesweg nach links (blau) und queren nach 50 m den Radweg.

Weiter geht es auf dem Langeweg (blau) am Rand eines alten Kiefernbestandes entlang, ehe Sie sich nach 150 m vor einer Bank links halten und über eine Heidefläche wandern. Nach 5 Min., 100 m nach einer weiteren Bank, wenden Sie sich bei einer T-Kreuzung mit Bank nach rechts (blau, violett) und folgen dem Weg aufwärts, Abzweigungen nicht beachtend.

Nach einer Rechtskurve halten Sie sich rechts (blau, violett) und folgen dem Weg nach 50 m durch eine Linkskurve und danach abwärts. Kurz darauf verzweigen sich bei Pfahl 7 die beiden markierten Wege (km 12,1, ⇧ 20 m): Sie folgen dem violetten Pfeil nach rechts (der blaue zweigt nach links ab).

Abkürzung zum Startpunkt (➲ 1 km):

Kürzer, dafür um einige Aussichtspunkte ärmer ist der bei Pfahl 7 links abzweigende (blau markierte) Weg, der Sie geradewegs zum Startpunkt bringt. 70 m nach Pfahl 7 halten Sie sich bei einer Kreuzung rechts und folgen danach dem Weg bzw. den blauen Pfeilen bis zum Besucherzentrum.

Nach 200 m geht es links abwärts und weiter in östliche Richtung, nach 100 m vorbei an einer Bank und weiter geradeaus. Abzweigungen beachten Sie nicht.

Bei der T-Kreuzung mit dem Heideweg folgen Sie diesem rechts aufwärts und bei der folgenden T-Kreuzung kurz vor Schoorl wandern Sie auf dem (gepflasterten) Torenpad links aufwärts (u. a. violett) auf eine der höchsten Dünen (13 km, ⇧ 55 m) mit schöner Aussicht hinüber zur Nordsee sowie Bänken.

Schoorlse Duinen – die höchsten Dünen der Niederlande: Schoorlse Duinen

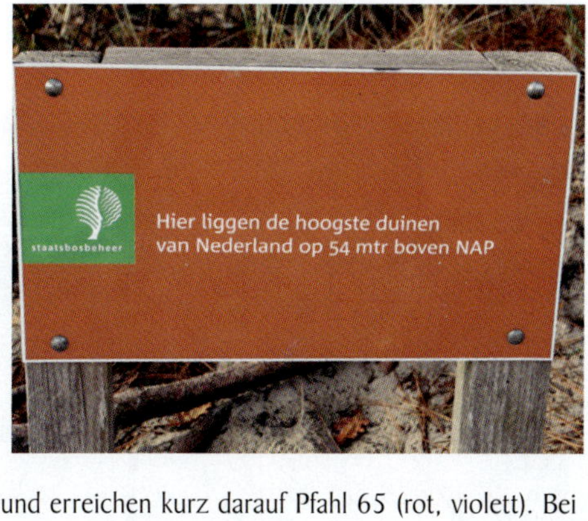

Sie gehen geradeaus weiter, nach 70 m vorbei an einer weiteren Bank, und erreichen kurz darauf Pfahl 65 (rot, violett). Bei einem Überstand mit Bank (km 13,4, ⇧ 40 m) wenden Sie sich nach links (rot, violett).

↳ Variante zum Zentrum von Schoorl (➲ 0,3 km):

Sollten Sie mit dem Bus gekommen sein oder Ihr Auto in Schoorl stehen haben, verlassen Sie bei dem Überstand den markierten Weg, indem Sie geradeaus zur Klimduin gehen und diese Kletterdüne bzw. den Sandhang hinabsteigen. Zu seinen Füßen liegt das Zentrum von Schoorl mit vielen Einkaufs- und ✕ Einkehrgelegenheiten sowie Bushaltestelle.

Der restliche Weg ist nicht lang, macht aber noch einige Schleifen. Sie folgen immer dem violetten Pfeil, d. h. dem Dünentalweg: 100 m nach dem Überstand halten Sie sich bei der Gabelung links (u. a. violett), dann folgen Sie dem Weg nach 150 m durch eine lange Rechtskurve und ignorieren Abzweigungen. Bei einer T-Kreuzung folgen Sie den Pfeilen (viele Farben) nach links, nach 70 m vorbei an einer guten Aussicht und Bank. Den folgenden Radweg queren Sie und nehmen gleich dahinter, vor der Bank, den Weg nach rechts, der links neben dem Radweg zum Besucherzentrum führt (viele Farben). Kurz vor dem Infozentrum teilen Sie sich den Weg mit Radfahrern, die bei der Abfahrt allerdings absteigen müssen („Fietsers afstappen!").

Weiter Blick von Aussichtsdüne ostwärts auf Wiesen und Felder

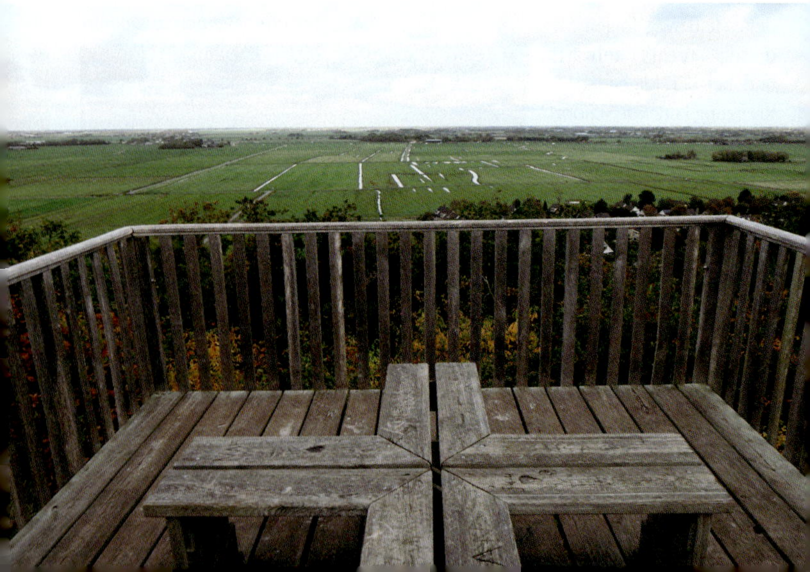

⑳ Rundwanderung bei Den Helder

Tour für Landschaftsgenießer

Diese Rundwanderung am nördlichsten Zipfel von Nordholland führt Sie in die Dünen westlich der Hafenstadt Den Helder. Start- und Zielpunkt ist das Fort Kijkduin an der Nordseeküste mit seinem Aquarium. Sie wandern anfangs entlang der Nordseeküste und später durch Dünen, Wald und Wiesenlandschaft, vorbei an Forts, einem alten Bunker sowie dem Leuchtturm von Den Helder.

- Start/Ziel: Fort Kijkduin mit Parkplatz und Bushaltestelle, GPS N 52°57.078' E 004°43.329'
- 12,4 km
- 3 Std. 30 Min.
- 80 m/80 m
- -3 bis 14 m
- gute Markierung/Beschilderung: rot-weiß und 10 sowie 10B
- Rastplätze/Sitzbänke bei km 0,9 sowie an der Abkürzung (km 3,3)
- Einkehrgelegenheiten am Start/Ziel, Strandpaviljoen (km 2,9), Steakhouse (km 6,1)
- Die Runde ist für Kinder geeignet, aber nicht so reich an kindgerechten Höhepunkten wie andere Touren.
- Für Buggys ist der Weg bedingt geeignet. Die Passage auf dem (teilweise sandigen) Fußweg durch die Dünen lässt sich auch durch den Radweg ersetzen.
- Hunde können mit, müssen aber meistens angeleint sein.
- P Parkplatz bei Fort Kijkduin, Admiraal Verhuellplein 1, Huisduinen, GPS N 52°57.078' E 004°43.329', alternativ Parkplatz beim Duinoord Steakhouse, km 6,1, GPS N 52°55.938' E 004°43.414' (beide gratis)
- Bushaltestellen bei Fort Kijkduin am Start/Ziel sowie bei Duinoord (km 6,1) mit stündlichen Verbindungen im Sommer (Mo bis Fr) Richtung Den Helder und Petten mit dem „Kustbus" 851, Fahrpreis pro Strecke € 4,20, www.kustbus.nl

Vom Parkplatz beim Fort Kijkduin gehen Sie Richtung Nordsee, links vorbei am Restaurant Storm aan Zee (☞ unten), auf dem asphaltierten Weg hinunter zur Nordsee und weiter auf dem Küstenweg in südliche Richtung.

Hunde müssen am Deich im Sommerhalbjahr (1.4. bis 1.10.) tagsüber (10:00 bis 20:00) angeleint sein – außerhalb dieser Zeit ist freier Auslauf angesagt.

Fort Kijkduin – früher Soldaten, heute Fische

Fort Kijkduin wurde 1822 unter Napoleon direkt an der Nordseeküste vor Den Helder angelegt. Er wollte aus dem strategisch günstig gelegenen Den Helder ein „Gibraltar des Nordens" machen. 700 Soldaten waren in dem Fort stationiert, dessen Mauern 7 m hoch und an den Nord- und Südseiten 3,5 m dick sind. Kein Wunder, angesichts der bewegten Geschichte dieses Ortes: Rund 150 Jahre vor dem Bau des Forts war die Küste vor Kijkduin Schauplatz der letzten großen Seeschlacht im Englisch-Niederländischen Krieg: 75 niederländische Schiffe standen (siegreich) einer englisch-französischen Flotte mit 92 Schiffen gegenüber, jeweils verstärkt mit 30 Feuerwehrschiffen. Dank geschickter Manöver zogen sich die Engländer und Franzosen zurück: Kein Schiff kenterte, allerdings gab es 3.000 Todesopfer. Rund 125 Jahre später hatten die Engländer dann doch Erfolg und besiegten die niederländische Flotte 1799 vor Callantsoog – Anlass für Napoleon, das Fort zu bauen und damit die als Batavische Republik zu Frankreich gehörenden Niederlande zu schützen. Das Fort wurde später im Zweiten Weltkrieg von den Deutschen erheblich verstärkt.

Heute sind in der alten Festung Ausstellungen zum Fort und alte Waffen zu sehen, verbunden mit schönem Nordseeblick. Kurios ist das Aquarium an solch einem Ort: ein altes Fort mit einem 15 m langen Glastunnel zwischen Fischen.

⌘ Museum und Aquarium Fort Kijkduin, Admiraal Verhuellplein 1, ☏ 02 23 61 23 66, 💻 www.fortkijkduin.nl, täglich 10:00-17:00, in der Winterzeit ab 11:00, Eintritt € 8

Der Eingang zum Museum liegt im Innenhof, der Zugang in den Innenhof sowie zum Aussichtspunkt oben auf der Festung sind frei.

Nach knapp 35 Min. (km 2,5) passieren Sie den Strandaufgang Strandslag Duinoord mit einer Verpflegungsmöglichkeit links:

✕ Strandpaviljoen Beach Club Citadel, ☏ 02 23 62 11 43, 💻 www.beachclubcitadel.nl, täglich 10:00-18:00, am Wochenende bis 22:00. Der Paviljoen mit seiner großen Terrasse wurde 2015 nach einem Brand neu aufgebaut – mit Solarpanels auf dem Dach.

Abkürzung ohne Südschleife (➲ 2,9 km weniger):

Bei dieser Abkürzung sparen Sie 2,9 km, verpassen dabei aber die aussichtsreiche Passage durch Dünen. Sie gehen beim Strandslag Duinoord links zur Straße und folgen dieser ins Landesinnere. 200 m nach Querung des Radweges stoßen Sie kurz vor einem Parkplatz bei einer Kreuzung von Fußwegen auf die Wanderroute (bei km 5,9) und folgen ihr geradeaus.

Sie folgen dem Küstenweg südwärts zum nächsten Strandaufgang (km 4), wo Sie den Weg links Richtung Landesinnere nehmen, erst auf Sand, später auf (anfangs zugewehten) Betonplatten, vorbei an (zugewehten) Bänken. Hunde müssen ab hier angeleint sein!

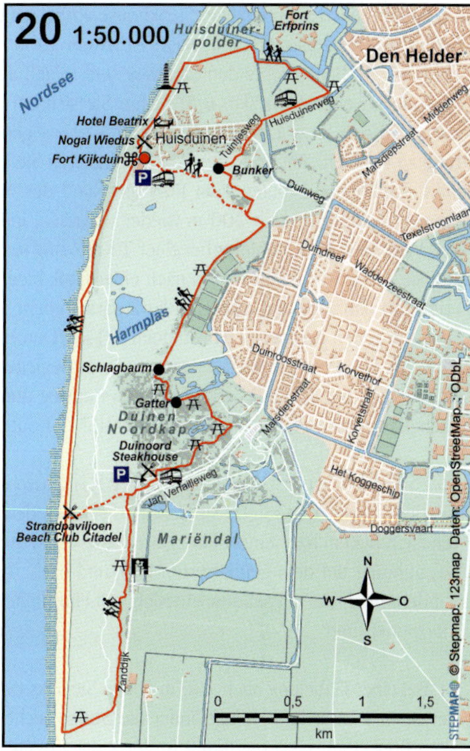

Nach 5 Min. folgen Sie bei einer T-Kreuzung dem Radweg nach links, um diesen nach 40 m rechts auf einen Fußweg (rot-weiß markiert) in den Dünen zu verlassen. Sie passieren einen schönen Aussichtspunkt mit zwei Bänken und Blick auf ein Feuchtbiotop am Dünenrand (km 5,4, ⇧ 20 m).

Sie folgen dem Fußweg geradeaus nordwärts mit weitem Blick (rot-weiß sowie blauer Pfeil auf weißem Grund) und ignorieren Abzweigungen. 100 m nach Querung eines Radweges biegen Sie bei einer Kreuzung mit einer Asphaltstraße bei Knotenpunkt 61 (km 5,9) rechts ab, um nach 70 m nach der Linkskurve rechts auf der Treppe zum Parkplatz hinunterzusteigen (blauer Pfeil). Diesen P Parkplatz queren Sie links diagonal zum Steakhouse (km 6,1).

✕ Steakhouse, Jan Verfailleweg 622, ☏ 02 23 61 92 22,
www.duinoord-denhelder.nl, täglich 11:00 bis 21:00, Restaurant mit Terrasse zum Parkplatz

Bushaltestelle Duinoord, Verbindungen mit dem Kustbus 851 (☞ oben)

Weiter gehen Sie rechts am Steakhouse vorbei auf dem Fußweg, der an beiden Seiten von Holzpalisaden eingefasst ist. Nach 50 m nehmen Sie bei einer Kreuzung mit Bank rechts den Sandweg und folgen dem Weg durch Wald. 70 m nach der zweiten Bank (km 6,8) halten Sie sich bei einer T-Kreuzung links, um nach 150 m in einer Linkskurve den rechts abzweigenden Weg in nördliche Richtung zu nehmen. Am Ende des Waldes passieren Sie ein Gatter mit einer Bank links dahinter und folgen dem Pfad am Rand des Naturschutzgebietes Duinen Noordkap, das Sie nach 200 m wieder verlassen, indem Sie durch ein Gatter in den Wald und 20 m dahinter bei einer T-Kreuzung rechts gehen. 30 m weiter halten Sie sich etwas rechts. 50 m nach einer Bank biegen Sie bei einer T-Kreuzung rechts ab (km 7,6) und passieren kurz darauf einen Schlagbaum und einen Radweg. Sie gehen geradeaus (Huisduinen 2,3 km/Den Helder 3,4 km) auf dem Fußweg, der Sie die nächsten 1,1 km geradeaus begleitet. 400 m nach einer Bank folgen Sie dem links abzweigenden Radweg durch die Dünen (km 8,9), um nach 130 m den Pfad rechts zu nehmen (SMS-Route).

Abkürzung direkt zum Fort Kijkduin (1 km statt 3,3 km):

Bei der Abzweigung folgen Sie dem Radweg geradeaus Richtung Küste und queren nach 800 m bzw. einem Holzgatter eine kleine Straße. Weiter geht es geradeaus aufwärts auf dem gepflasterten Weg und nach 10 m nach den Pollern rechts auf dem Pfad, der mit schöner Aussicht auf Huisduinen und die Küste zurück zum Startpunkt führt.

Bei einer Gabelung nach 100 m gehen Sie links (SMS-Route), um nach 350 m bei einem Gatter und Holzgeländer die Stufen rechts hinaufzusteigen und einen alten Bunker zu passieren (km 9,6). Kurz darauf geht es durch eine weiteres Gatter und schließlich in den Ort Huisduinen, wo Sie der Straße geradeaus folgen: erst Duinweg, dann Tuintjesweg mit einer Häuserreihe links und Wiese rechts. Bei einem Zebrastreifen erreichen Sie die Hauptstraße. Hier gehen Sie rechts, rechts vom Radweg neben der Hauptstraße Richtung Den Helder.

Auf Höhe eines Teiches (km 10,5) mit Steg und Bank (rechte Seite) queren Sie die Straße nach links und folgen dem anfangs asphaltierten Weg zwischen Gräben in nordwestliche Richtung, auch nach Passieren eines Hofes. Rechts ist die im 19. Jh. unter Napoleon erbaute Festungsanlage Erfprins zu erkennen, mit einer Fläche von 49 ha das größte Fort des Landes. 5 Min. nach einer Bank folgen Sie dem Weg durch die Linkskurve, auf den Leuchtturm zu. Vor dem Deich queren Sie die Straße, gehen hinauf auf den Deich und dort nach links, vorbei am

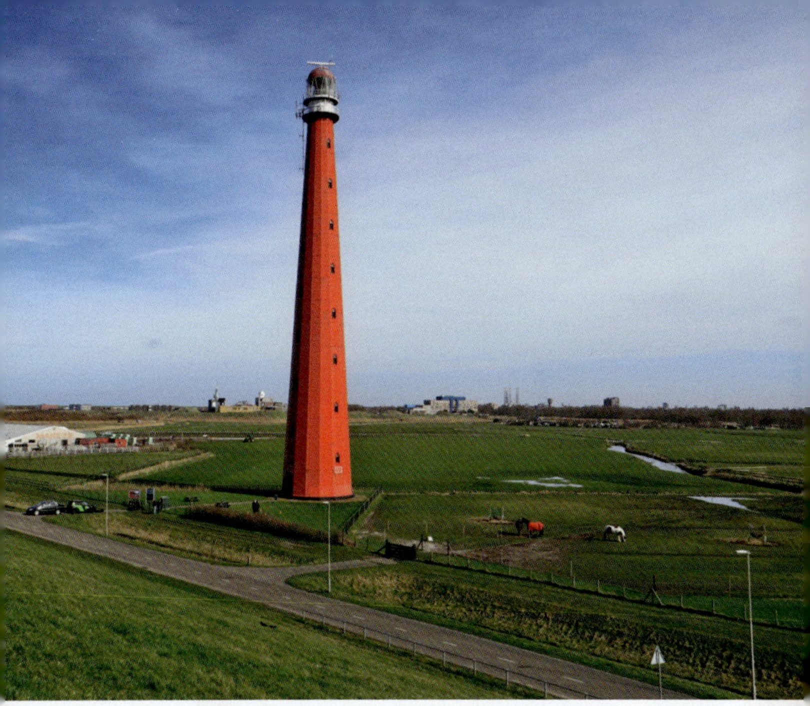

Lange Jaap - höchster gusseiserner Leuchtturm Europas

Leuchtturm Lange Jaap (km 11,8), der mit seiner Höhe von 64 m als höchster gusseiserner Leuchtturm Europas gilt und dessen Licht 50 km weit strahlt. Der Turm wurde 1864 erbaut – als Ersatz für einen 22 m hohen Vorgängerleuchtturm aus Backstein im Fort Kijkduin, dessen Gewicht dort zu Rissen in der Anlage geführt hatte. Vor dem Leuchtturm laden Tisch und Bank zur Rast ein – wenn es nicht zu stark windet.

Das Hotel Beatrix (km 12,1) markiert den Anfang der Nordseesiedlung Huisduinen. Sie folgen dem Weg auf dem Deich weiter geradeaus, passieren nach 100 m eine Einkehrgelegenheit und kurz vor dem Ziel Fort Kijkduin noch eine:

- Nogal Wiedus, Zeeweg 6, ☏ 02 23 61 39 25, www.nogalwiedus.nl, täglich 10:00 bis 23:00, schöne Terrasse zur See
- Storm aan Zee, Zeeweg 12, ☏ 02 23 74 70 40 www.stormaanzee.nl, täglich 12:00 bis 21:00, gegenüber vom Fort Kijkduin

Texel

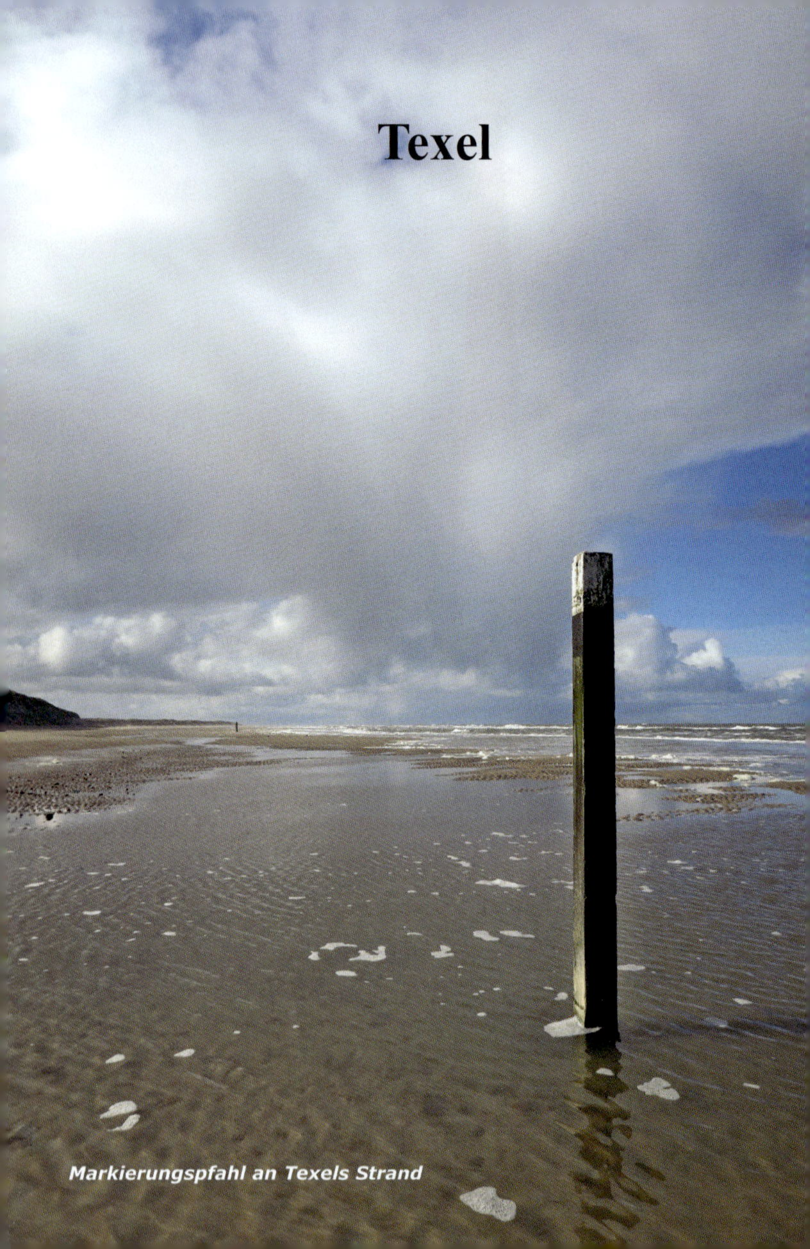

Markierungspfahl an Texels Strand

Texel – „Top Ten"-Insel als Wanderparadies

Texel bietet als größte aller niederländischen Inseln ein weites Spektrum an Landschaftstypen und ist gut mit (rund 200 km) Wanderwegen erschlossen, die durch Dünen, Wälder und Wiesenlandschaften sowie am Strand und Seen entlangführen. Die Wege sind farblich wie folgt mit Pfählen markiert: Streckenwanderung (gelb), Rundwanderung (blau), Naturlehrpfad (rot), Naturgebiet (grün). Letzterer ist nur von Mitte August bis Ende Februar begehbar.

Texel ist 2016 von Lonely Planet unter die Top-Ten-Urlaubsziele Europas gewählt worden (Rang 9). Außerdem ist Texel die am leichtesten erreichbare niederländische Insel. Grund genug, dieses Eiland als Schwerpunkt für Wanderungen zu beschreiben und ihm ein eigenes Kapitel zu widmen. Texel lebt vom Tourismus: Die fast 900.000 Besucher (davon ein Drittel Deutsche, Durchschnittsalter: 42 Jahre) lassen jährlich rund € 275 Mio. auf der Insel, pro Insulaner (13.585) gibt es mehr als drei Gästebetten (rund 45.000).

Emmalaan 66, 1791 AV Den Burg, ☏ 02 22 31 47 41, www.texel.net, WadsApp Texel (App über Texel), Mo bis Fr 9:00 bis 17:30, Sa 9:00 bis 17:00

Die Überfahrt mit der inseleigenen Reederei TESO dauert nur 20 Min. Die Fähren fahren ab Den Helder mindestens stündlich (um halb). Die neueste Fähre „Texelstrom" ist ein € 55 Mio. teures grünes Vorzeigeobjekt, das zu 10 % mit selbst erzeugtem Solarstrom fährt. Die Hin- und Rückfahrkarte kostet für Personen ab € 2,50, für Autos ab € 25. www.teso.nl

Parken ist auf Texel gebührenpflichtig: € 2,50 pro Stunde (nur Kartenzahlung). ☺ Günstiger ist die neue ***Texel e-Vignette***: € 7,50 am Tag, € 15 die Woche oder € 20 pro Jahr, erhältlich vor Ort an Automaten oder online: www.texelevignet.de.

Vom Bahnhof Den Helder zur Fähre fährt man mit dem Bus der Linie 33 (Connexxion). Auf Texel gibt es ein dichtes Busnetz mit 150 Haltestellen: Linie 28 fährt nach festem Fahrplan zwischen dem Fährhafen und De Koog, der „Texelhopper" ist eine Art Anrufsammeltaxi, das nach vorherigem Anruf (mind. 1 Std. vorher) eine flexible Route fährt (Texelhopper, ☏ 02 22 78 40 00, www.texelhopper.nl). Einzelfahrten kosten immer € 3, der Fahrschein für den Texelhopper muss vorab gekauft werden.

Texel ist hundefreundlich: In vielen Gebieten dürfen Vierbeiner frei herumtollen, etwa in Wäldern, bei unbewachten Stränden und außerhalb der Saison in vielen Dünengebieten. Die Touristinfo bietet ein Infoblatt für Hundebesitzer.

21 Rundwanderung in den Dünen bei De Bollekamer

Tour für Landschaftsgenießer und historisch Interessierte

Die Bollekamer ist ein beliebter Dünenabschnitt im Süden von Texel, der abwechslungsreiche Wege bietet. Der vorgeschlagene Rundweg lässt Sie die Vielfalt erleben und führt zu schönen Aussichtspunkten sowie einem alten Bunker. Vielleicht laufen Ihnen unterwegs die schottischen Hochlandrinder und Exmoor-Ponys über den Weg, die die Verbuschung der Dünen verhindern sollen, die seit 2002 auf Texel als Nationalpark ausgewiesen sind.

Start/Ziel: Parkplatz bei Paal 12, GPS N 53°02.320' E 004°42.963'

8,1 km

2 Std.

55 m/55 m

0 bis 14 m

gelbe und blaue Pfähle

Rastplätze mit Bänken bei km 3,3 und km 3,9

Einkehrgelegenheiten bei Strandaufgängen Paal 12 (km 0,2) und Paal 10 (km 2,3)

Badegelegenheit am Strand von De Hoorn zwischen Paal 12 (km 0,2) und Paal 10 (km 2,3)

für Kinder gut geeignet, da abwechslungsreich und nicht zu lang

für Buggys nicht geeignet wegen vieler sandiger Wege

Hunde können mit, müssten aber großteils angeleint sein.

Parkplatz am Start bei Paal 12, GPS N 53°02.320' E 004°42.963', oder bei Paal 10, km 2,4, GPS N 53°01.246' E 004°42.692'

Texelhopper-Bushaltestellen 60 beim Startpunkt Paal 12 und 58 bei Paal 10 (km 2,4) sowie 53, 54 und 55 in Den Hoorn, 1,3 km von der Route entfernt

Vom Parkplatz bei Paal 12 gehen Sie zum Meer, vorbei an Buden mit einfachen Einkehrgelegenheiten und kleinen Läden (im Sommer), und dort links am Strand entlang in südliche Richtung. Nach etwa 30 Min. (km 2,2) orientieren Sie sich nach links und verlassen die Westküste bei Paal 10 mit Einkehrgelegenheit:

Strandpaviljoen Paal 9, Hoornderslag 8, ☏ 02 22 31 93 09, www.paal9.nl, täglich 10:00-22:00. Der Paviljoen steht trotz des Namens bei Paal 10.33 – der frühere Standort (Paal 9) musste 1983 wegen häufigen Hochwassers aufgegeben werden.

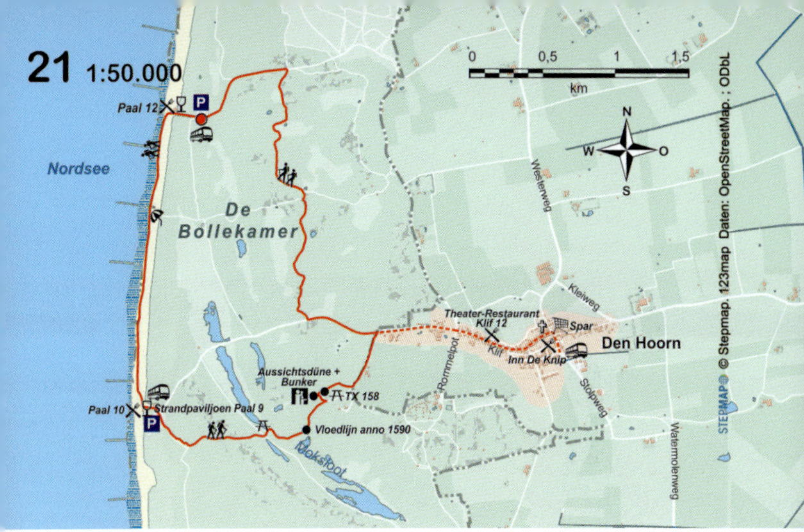

Nach dem Aufgang queren Sie rechts den Parkplatz diagonal, um an der linken hinteren Ecke (Südost) dem gelb markierten Fußweg zu folgen. Nach 200 m nehmen Sie bei der Gabelung links den mit Muschelschalenresten belegten Weg durch die Dünen (der rechts abzweigende Weg führt nach De Hors und darf nur außerhalb der Brutzeit begangen werden). Bei einer Kreuzung vor Teichen (km 3,3) wandern Sie geradeaus weiter, zwischen den Teichen entlang und nach 50 m an einer ⩩ Bank und nach 300 m an einem Pfahl vorbei, der den Wasserpegel der Sturmflut von 1590 anzeigt.

200 m nach dem Pfahl „Vloedlijn anno 1590" gehen Sie bei der Gabelung links aufwärts zur Aussichtsdüne mit ⩩ Bank. Rechts unterhalb liegt ein alter Bunker aus dem Zweiten Weltkrieg.

Von der Düne nehmen Sie in derselben Gehrichtung wie hinauf den gepflasterten Weg hinunter, vorbei an der ⩩ Bank TX 158. 250 m nach der Aussichtsdüne passieren Sie ein Holzgatter und folgen der kleinen Straße nach links (blauer Pfahl). Am Ortsanfang von Den Hoorn (Ortsschild) nehmen Sie bei einer T-Kreuzung die nach links Richtung Meer abzweigende Straße Hoornderslag (km 4,7).

↳ Abstecher nach Den Hoorn (➲ 2 x 1,3 km):

Der südlichste und zweitgrößte Ort von Texel, Den Hoorn, ist im Vergkleich zu Den Burg oder De Koog eher verschlafen, aber auf der Suche nach einer Einkehrgelegenheit und einem Laden wird man dennoch fündig. Der als Künstlerdorf

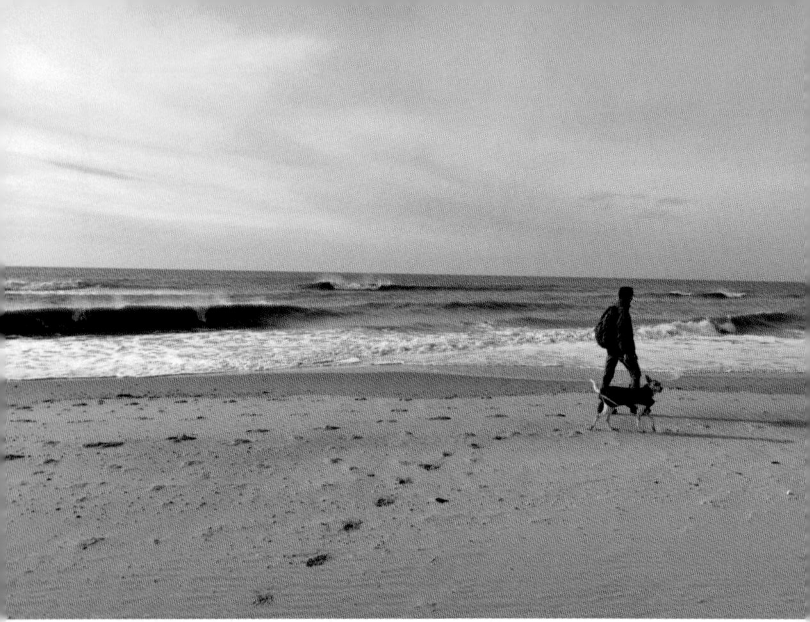

Im Winter ist für Hunde am Strand freier Auslauf angesagt

bekannte Ort beherbergte früher viele Lotsen, die von der *Loodsduin* Ausschau nach potentiellen Auftraggebern, sprich Schiffen, gehalten haben sollen.

Bei der T-Kreuzung am Ortsanfang folgen Sie der Straße (Witteweg) nach rechts, ignorieren Abzweigungen und passieren nach 800 m eine Einkehrgelegenheit:

✕ Theater-Restaurant Klif12, Klif 12, ☏ 02 22 31 96 33, 💻 www.klif12.nl, täglich 10:00 bis 20:00, Fr und Sa bis 23:00, Kleinkunst-Restaurant-Café, abends oft mit kulturellen Veranstaltungen

Sie folgen der Straße geradeaus (Klif, dann Herenstraat) zur Dorfmitte mit der schönen ✝ Kirche, einem 🅿 Parkplatz und ✕ 🛒 Einkaufs- und Einkehrgelegenheit:

✕ Inn de Knip, De Naal 2, ☏ 02 22 31 99 46, 💻 www.inndeknip.nl, täglich 10:00 bis 21:00, in der Sommersaison ab 9:00, gute Küche in Antiquariatsambiente mit gratis Buchtauschmöglichkeit

Spar Den Hoorn, De Naal 1, Mo bis Sa 8:30 bis 18:00
Bushaltestelle 54 für Texelhopper 100 m weiter rechts

Zurück gehen Sie auf demselben Weg.

Aussichtsdüne und Bunker in de De Bollekamer

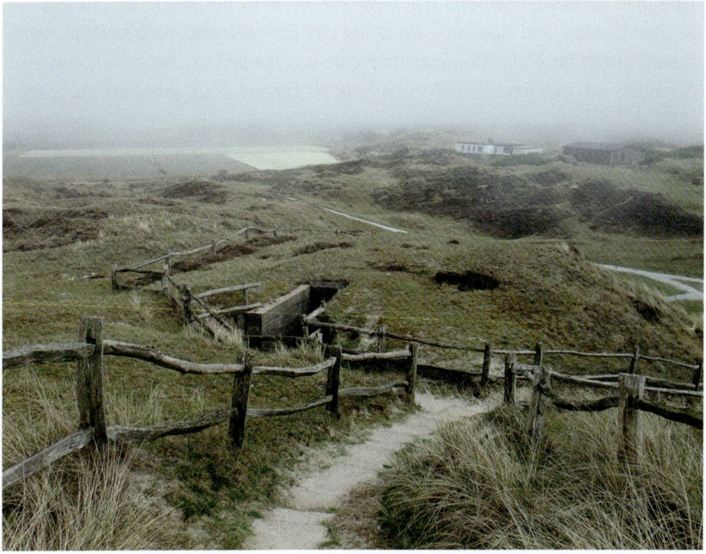

Bei einer Infotafel über die Bollekamer (km 5,2) und einem weiteren Pfahl über den Wasserpegel 1590 verlassen Sie die Straße nach rechts, gehen durch ein Gatter und folgen dem Pfad nordwärts durch die Dünen (blauer Pfahl, Schild: Bollekamer Wandelweg 3 km). Nach 1 km (km 6,2) ignorieren Sie bei einer Gabelung den links zur Küste führenden Pfad, laufen nach rechts und durch die Linkskurve. 50 m weiter gehen Sie bei einer weiteren Gabelung auf dem blau und grün markierten Weg geradeaus in nördliche Richtung bis zur Zufahrtsstraße zu Paal 12 (km 7,3), der Sie nach links Richtung Küste zum Start-/Zielpunkt folgen.

22 Rundwanderung in den Dünen beim Ecomare

Tour für Landschaftsgenießer und Naturfreunde

Das in den Dünen gelegene Ecomare ist ein interaktives Naturmuseum zu Texels typischen Lebensräumen und vor allem zur Tierwelt. Besonders beliebt sind die Seehundbecken und Aquarien. Rund um das Ecomare sind verschiedene Rundwanderungen möglich, von denen hier eine beschrieben ist. Sie besteht aus zwei Schleifen, die sich jeweils auch gut alleine als kürzere Tour gehen lassen.

- Start/Ziel: Parkplatz bei Paal 17 hinter dem Ecomare, GPS N 53°04.859' E 004°44.427'
- 8,5 km
- 2 Std. 30 Min.
- 55 m/55 m
- 0 bis 13 m
- stellenweise Markierung: gelb und blau markierte Pfähle
- Rastplätze/Sitzbänke bei km 0,9 sowie an der Abkürzung (km 3,3)
- Einkehrgelegenheit bei Paal 17 (km 0,3, km 3,6 und km 8,2) sowie im Ecomare bei km 2,8 (nur bei Besuch desselben)
- WC: WC im Ecomare (auch für Nicht-Museumsbesucher)
- Bademöglichkeit am Strand bei drei Abschnitten: zwischen km 0,3 und km 1,2, zwischen km 3,6 und km 5,3 sowie kurz vor Schluss
- für Kinder gut geeignet wegen abwechslungsreicher Wege, viel Strand und vor allem wegen des didaktisch gut konzeptionierten Ecomare
- für Buggys nicht geeignet wegen sandiger Wege
- Hunde können mit, müssen im Sommer am Strand und in den Dünen aber angeleint sein.
- P: großer Parkplatz bei Strandaufgang Paal 17, GPS N 53°04.859' E 004°44.427', oder kleinerer Parkplatz beim Ecomare, GPS N 53°04.752' E 004°44.740'
- Bushaltestelle Ruijslaan etwa 200 m östlich vom Ecomare (Linie 28, stündlich) und Texelhopper-Haltestelle 142 bei Paal 17

Vom Parkplatz bei Paal 17 orientieren Sie sich zum Meer; der Strandaufgang Paal 17 wird von einer Einkehrgelegenheit (☞ unten) und im Sommer von kleinen Kiosken gesäumt. Am Strand wandern Sie rechts in nördliche Rich-

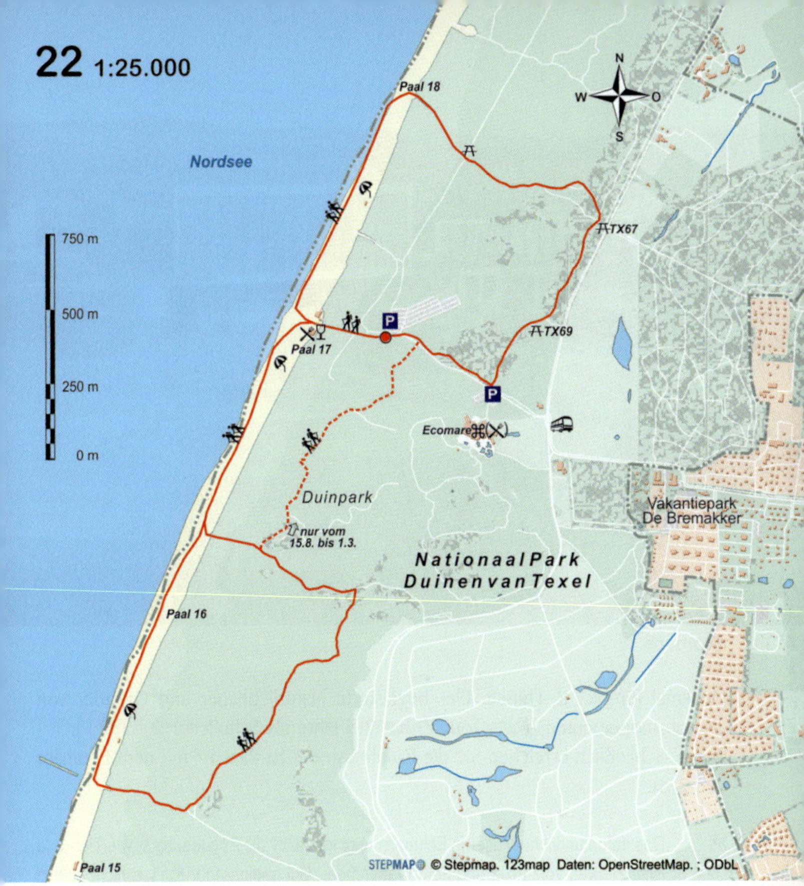

tung, um ihn nach 0,8 km rechts bei Paal 18 zu verlassen. Der gelb markierte Wanderpfad führt Sie durch Dünen ins Landesinnere. Bei einer Kreuzung mit einem Grasweg und einer Bank gehen Sie geradeaus auf den mit Muscheln und Plastikresten belegten Weg (gelbe Pfähle), der nach 400 m in Wald eintaucht. Dieses Waldstück wurde zwischen 1928 und 1940 als Schutzwald vor Windverwehungen angelegt – anfangs pflanzte man die gegen salzige Seeluft recht resistenten mediterranen Schwarzkiefern, später auch Laubbäume. Kurz darauf biegen Sie bei einer Kreuzung vor einer kleinen Straße (km 2,9) rechts ab (blau) und passieren nach 50 m Bank TX67 und kurz darauf Bank TX 69 mit einem

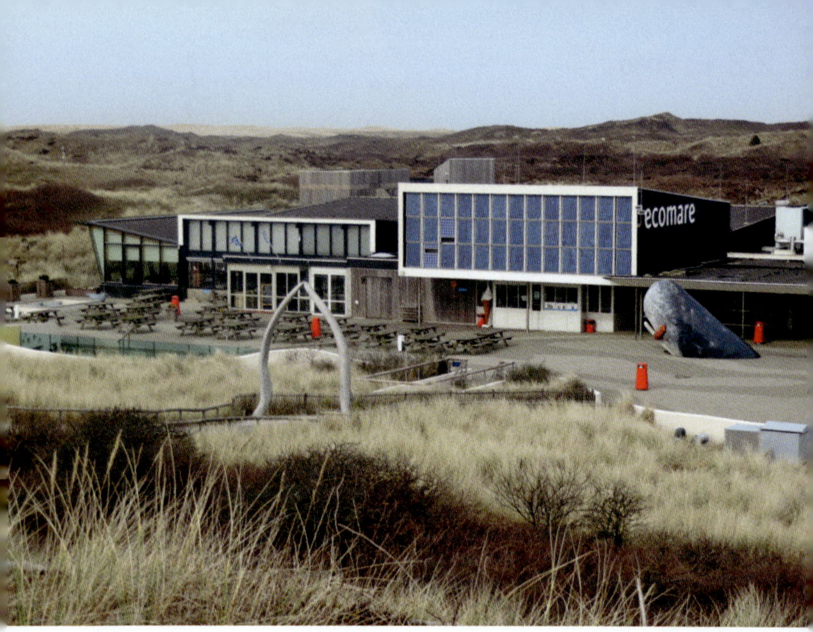

Ecomare

Denkmal für Jac. P. Thijsse. Der begeisterte Naturliebhaber und Gründer von „Natuurmonumenten" (☞ Tour 7) hat 2,5 Jahre als Schulleiter auf Texel gearbeitet. Schließlich erreichen Sie die Zufahrtsstraße zu Paal 17 mit dem **Ecomare** (km 2,8).

⌘ Das naturkundliche Museum Ecomare zeigt interaktiv die Entstehung sowie Tier- und Pflanzenwelt von Texel und dem Wattenmeer. Gut geeignet für Kinder, nicht zuletzt wegen der Aquarien sowie Seehunde und Schweinswale, auch wenn die Haltung von Meeressäugern, die offiziell nur dem Aufpäppeln dient, nicht unumstritten ist.
www.ecomare.nl, täglich 9:30 bis 17:00, Eintritt € 12,50

✕ Restaurant im Ecomare, nur für Museumsbesucher zugänglich

Kurz vor (nördlich) der Zufahrtsstraße führt rechts der Fußweg zum Strandaufgang Paal 17, dem Ausgangspunkt (km 3,2).

Für die Fortsetzung des Weges, die südliche Schleife, gehen Sie wieder über den Aufgang zum Strand und dieses Mal nach links, in südliche Richtung.

✗ Einkehrgelegenheit bei Paal 17, ☏ 02 22 31 76 14, 💻 www.paal17.com, ganzjährig täglich ab 10:00, im Winter ab 11:00. Wurde 2014 wegen der guten Küche zum besten Strandpavillon des Landes gewählt.

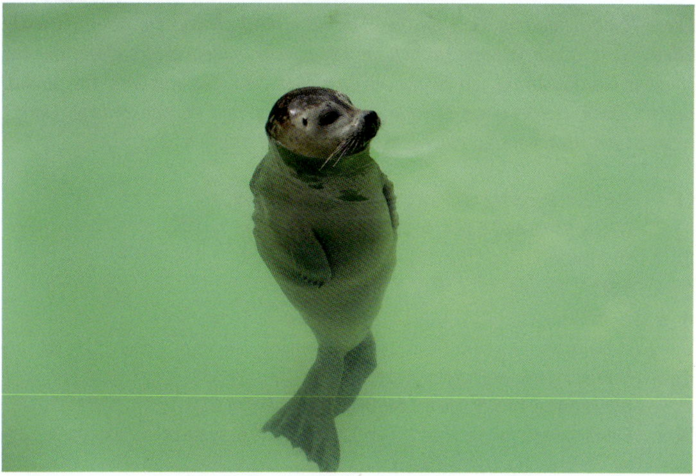

Seehund

Nach 1,7 km nehmen Sie 200 m vor Strandaufgang Paal 15 mit ✗ Einkehrgelegenheit den links in die Dünen führenden Fußweg (Paal 16), der mit einem gelben Pfahl markiert ist. Nach 300 m halten Sie sich bei einer Gabelung links (km 5,7) und folgen dem blau markierten Pfad nordwärts durch die Dünen. Bei der nächsten T-Kreuzung (km 6,7) nehmen Sie den blau markierten schmalen Dünenpfad nach links Richtung Küste.

Schöne Abkürzung durch die Dünen außerhalb der Brutsaison (➲ 1 km statt 1,4 km):

Nach 300 m (km 7,1) zweigt nach rechts ein (Natur-)Pfad ab, der aber nur im Zeitraum 15.8. bis 1.3. begangen werden darf. Er führt quer durch die Dünen und erreicht die Zufahrtsstraße zu Paal 17 kurz vor dem Parkplatz.

Am Strand angekommen (km 7,4) gehen Sie rechts am Ufer wieder zurück zu Paal 17.

23 Rundwanderung bei De Slufter

Tour für Landschaftsgenießer und Naturfreunde

Diese Rundwanderung führt an der Westküste nördlich von De Koog nach De Slufter, dem durch Wassereinbruch im 19. Jh. entstandenen Strandsee, der bei starkem Nordwestwind (ab Stärke 9) überflutet wird. Sie wandern am Strand, durch Dünen, Heide, etwas Wald und an Salzwiesen und Weiden entlang. Unterwegs ist ein Abstecher zu einer Einkehrgelegenheit möglich.

- Start/Ziel: Parkplatz bei Paal 21 nördlich von De Koog, GPS N 53°06.444' E 004°46.097'
- 10,9 km
- 3 Std.
- 70 m/70 m
- -1 bis 20 m
- Markierung mit vereinzelten Holzpfählen
- Sitzbänke bei km 6,9 und auf der Düne Bertusnol (km 9,3)
- Einkehrgelegenheit bei Paal 21 (km 0,3 bzw. km 10,6) sowie beim Parkplatz De Slufter (Variante)
- Badegelegenheit am Strand zwischen De Koog/Paal 21 (km 0,3) und De Slufter (km 4,3)
- Für Kinder ist die Tour geeignet, stellenweise aber eventuell etwas monoton (wegen längerer gerader Strecken).
- Die Wanderung ist für Buggys nicht geeignet, da die lange Passage über den Strand zu sandig/nass ist.
- Hunde dürfen im Sommer nicht auf den Strand, sonst angeleint möglich.
- Parken bei Paal 21, GPS N 53°06.444' E 004°46.097', sowie optional bei De Slufter, GPS N 53°07.858' E 004°49.002', oder bei De Koog-Nord am Strand, GPS N 53°06.113' E 004°45.546'
- optional Bushaltestelle De Koog-Badweg (1,2 km entfernt, Linie 28, stündlich) oder De Slufter (Variante, Texelhopper-Haltestelle 126)

Start ab De Koog via Campingplatz (1,2 km):

Sie gehen über den Hauptstrandaufgang von De Koog (bei der Bushaltestelle De Koog-Badweg), also vom Ort aufwärts und dann Richtung Strand. Unten gehen Sie vor der Holzbrücke rechts über den Parkplatz und an der Schranke vorbei auf den Campingplatz. Sie folgen dem Weg über den (lang gestreckten) Campingplatz geradeaus (teilweise blauer Pfahl), bis Sie am Nordende des Platzes auf die Zufahrtsstraße zu Paal 21 und damit auf die Hauptroute stoßen, der Sie nach links zum Strandaufgang folgen (bei km 0,2).

Vom Parkplatz nehmen Sie zunächst die nach links in 5 Min. zum Strand führende Straße, passieren den Strandaufgang Paal 21 mit ✕ Strandpaviljoen (☞ unten) und wandern rund 1 Std. rechts am Strand entlang nordwärts, bis Sie der Durchlass des Strandsees Slufter zu einem Rechtsschwenk zwingt (km 4,3). Sie gehen nun am Ufer des Strandsees entlang Richtung Landesinnere, zunächst auf Sand, nach etwa 5 Min. auf einem sichtbaren Pfad. Schließlich erreichen Sie eine Gabelung (km 5,7), wo Sie dem Pfad nach rechts folgen.

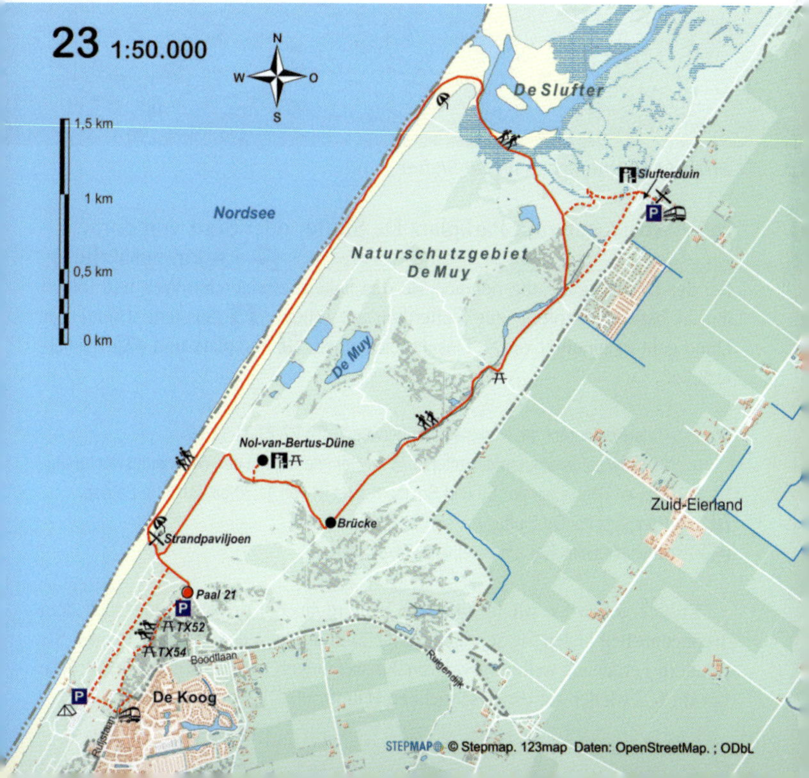

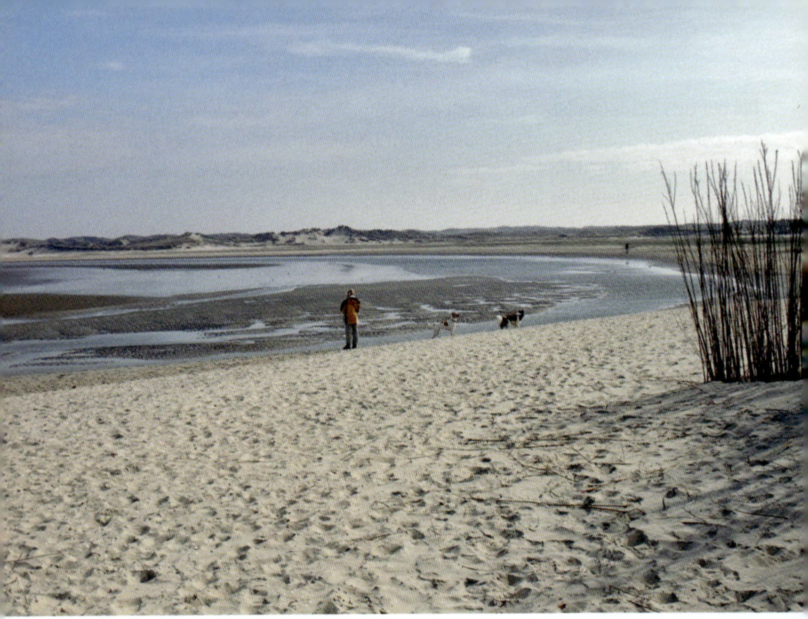

Strand bei Strandsee von De Slufter

Abstecher zum Parkplatz De Slufter oder Start von dort (1,4 km zusätzlich):

Bei der Dreifachgabelung nehmen Sie den links abzweigenden Weg und folgen ihm in östliche Richtung zur Slufterduin mit schöner Aussicht. Hinter der Düne geht es hinunter zu Einkehrgelegenheit, Parkplatz und Bushaltestelle:

Café-Restaurant am Parkplatz, Slufterweg 1, ☎ 02 22 31 12 58, www.caferestaurantdeslufter.nl, im Sommer und in der Weihnachtswoche täglich, im Winter nur am Sa und So, die Küche ist von 11:30 bis 20:30 in Betrieb.

Parkplatz bei De Slufter

Bushaltestelle 126 am Spielplatz, Texelhopper

Zurück gehen Sie wieder über die Slufterduin. Bei der Kreuzung nach dem Treppenabstieg laufen Sie schräg links (gelb) und folgen dem Weg nach links. Sie wandern geradeaus weiter, ignorieren Abzweigungen und stoßen bei der Brücke bei km 6,2 wieder auf die beschriebene Hauptroute.

Sie gehen etwa 7 Min. durch ein Gehölz und nach einer Brücke (km 6,2) durch offenes Gelände in südwestliche Richtung, links neben einem Wasserlauf.

Nach 10 Min. halten Sie sich bei einer Bank rechts und queren nach 30 m den Wasserlauf über eine Brücke (km 7), um danach dem Weg nach links zu folgen (Texelpad, De Koog 4,5 km, Wandelpad, grün-rot), jetzt auf der rechten Seite des Wasserlaufs. Rechts liegt das Naturschutzgebiet De Muy, in dem Galloway-Rinder grasen.

Nach 700 m folgen Sie dem Weg links über die Brücke und laufen weiter geradeaus in südwestliche Richtung, den nach 200 m rechts in die Dünen abzweigenden Pfad nicht beachtend. Nach 10 Min. gehen Sie über eine weitere (die vierte) Brücke. 30 nach dieser (km 8,6) nehmen Sie den rechts abzweigenden Pfad durch die Dünen zur **Bertusnol-Düne**.

Nach rechts bietet sich ein kurzer Abstecher (2 x 50 m) mit schöner Aussicht und Bank auf die Bertusnol an, die höchste Düne von Texel (km 9,3, ⇧ 20 m).

Sie folgen dem Weg weiter geradeaus Richtung Strand und halten sich nach 250 m vor dem Strandaufgang links, um nach 10 Min. wieder den Strandaufgang bei Paal 21 zu erreichen, wo die Tour begonnen hatte.

Strandpaviljoen Paal 21, Strandslag 21, 02 22 31 76 11, www.strandpaal21.nl, täglich 10:00 bis 21:00, in den Wintermonaten ab 11:00

Zum Parkplatz gehen Sie wieder nach links.

Variante zurück nach De Koog durch Wald (1,1 km):

Vom Parkplatz bei Paal 21 folgen Sie mit dem Rücken zur Straße stehend dem Spurweg auf der rechten Seite in südwestliche Richtung, durch Kiefernwald und vorbei an mehreren Bänken (markiert mit TX 52 und TX54). Abzweigungen ignorieren Sie.

Kurz vor De Koog stoßen Sie auf einen Radweg und gehen hier rechts durch Wald, um nach 150 m die Kreuzung mit dem Strandaufgang von De Koog zu erreichen. Vor Ihnen liegt die Bushaltestelle De Koog-Badweg. In das Zentrum mit vielen Einkaufs- und Einkehrgelegenheiten (100 m) gelangen Sie, wenn Sie links und dann rechts gehen (Fußgängerzone).

24 Rundwanderung im Norden

Tour für Landschaftsgenießer

Diese Rundwanderung führt über die Nordspitze von Texel mit dem Leuchtturm als höchstem Punkt und Wahrzeichen von Texel. Der nördliche Teil von Texel war bis zum 17. Jh. eine eigenständige Insel namens Eierland, benannt nach einem damals wichtigen Gewerbe: Möweneier wurden gesammelt und an Amsterdamer Bäckereien verkauft (30.000 pro Jahr!). Durch Flugsand wurden die beiden Inseln verbunden. Die Wanderung bietet Strand und Dünen satt, dazu Einkehrgelegenheiten und verschiedene Möglichkeiten zur Verlängerung.

Start/Ziel: Parkplatz beim nördlichen Leuchtturm (Vuurtoren), GPS N 53°10.852' E 004°51.136'

8,2 km

2 Std. 30 Min.

55 m/55 m

0 bis 16 m

Markierung mit einigen Holzpfählen

Rastplatz mit Sitzbänken bei der Aussichtsdüne (km 5,3)

Einkehrgelegenheiten am Start/Ziel

Badegelegenheit am Strand zwischen km 3,8 und km 4,8 sowie nördlich vom Leuchtturm zwischen km 7 und km 8,2

Für Kinder ist die Tour gut geeignet, Höhepunkte sind Strand und Leuchtturm.

Für Buggys kaum geeignet, da der Weg stellenweise zu sandig ist.

Hunde dürfen im Sommer nicht auf den Strand, sonst angeleint möglich.

Parkplatz am Leuchtturm (Paal 30), GPS N 53°10.852' E 004°51.136', bei Variante auch bei Paal 28 möglich, GPS N 53°09.682' E 004°49.408'

Texelhopper-Haltestelle 121 am Vuurtoren sowie optional 118 bei Paal 28

Abkürzung am Meer (insgesamt 5,4 oder 6 km):

Optional können Sie vom Parkplatz gleich zum Meer und dort links am Strand entlang gehen. Sie nehmen entweder nach 1,6 km den links aufwärts führenden Pfad in die Dünen und wandern bei km 4,4 in der folgenden Beschreibung weiter (insgesamt 5,4 km) oder Sie biegen nach 2,2 km links ab und gehen die Route ab km 3,8 rückwärts (insgesamt 6 km).

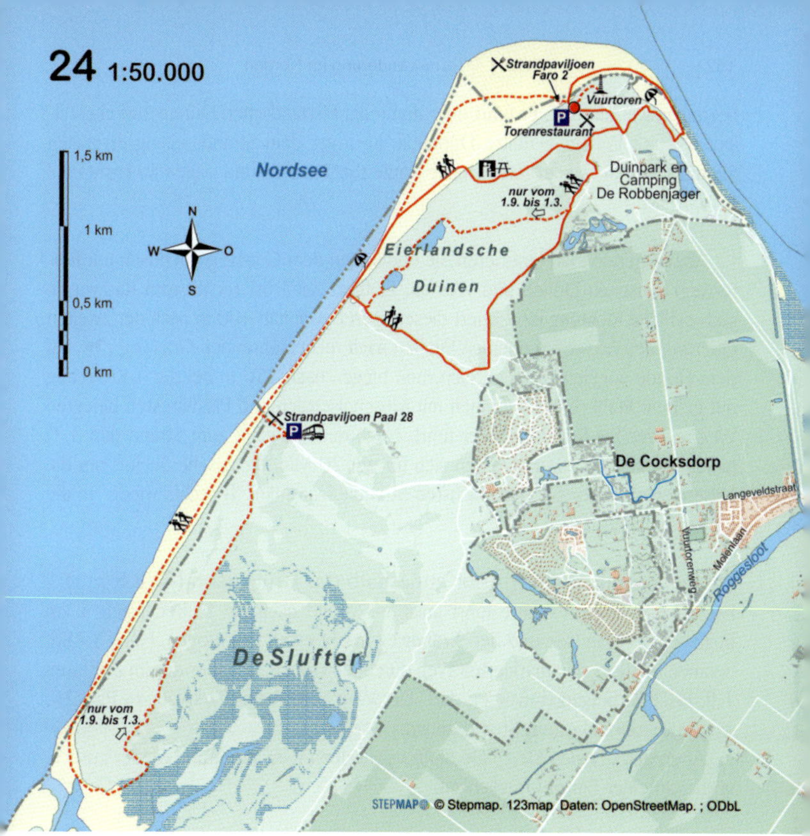

Vom Parkplatz laufen Sie auf der Straße ein kurzes Stück zurück Richtung Landesinnere, vorbei am ✕ Torenrestaurant (☞ unten). Nach 400 m nehmen Sie den in einer Zaunlücke rechts abzweigenden Pfad durch flache Dünenlandschaft und halten sich nach 250 m bei der Gabelung links. Nach weiteren 250 m wenden Sie sich noch einmal nach rechts, um vor dem Radweg rechts auf den Grasweg abzubiegen.

↳ Schöne Variante durch die Dünen außerhalb der Brutsaison (➲ 0,6 km kürzer):

300 m nach dem Einschwenken auf den Grasweg zweigt nach rechts ein (grün markierter) schöner Pfad ab (km 1,2), der aber nur im Zeitraum 1.9. bis 1.3.

begangen werden darf. Er führt quer durch die Eierlandschen Dünen und ein stellenweise mit Wasser gefülltes Dünental. Kurz vor dem Strandaufgang erreichen Sie nach 1,8 km wieder die normale Route (bei km 3,6) und folgen ihr rechts auf den Strand.

Abzweigende Pfad ignorieren Sie und folgen dem Grasweg (identisch mit Reiterweg) zwischen Dünen und Weiden. Er führt zunächst rechts vom Radweg in südwestliche Richtung bzw. quert diesen später zweimal. 400 m nach der zweiten Querung des Radweges nehmen Sie den nach rechts führenden Grasweg, auf dem Hunde angeleint sein müssen, und biegen nach 150 m bei der T-Kreuzung mit gelbem Pfahl rechts auf einen mit Muschelschalen und Plastikresten belegten Weg ab, der Sie Richtung Meer führt. Nach dem Aufgang zum Strand (km 3,7) halten Sie sich rechts und lassen sich für gut 20 Min. die frische Seeluft um die Nase wehen, bevor Sie den nächsten Strandaufgang (km 5) rechts wieder in die Dünen nehmen.

Variante nach Slufter außerhalb der Brutsaison (8,8 km):

Diese recht lange Variante führt links am Strand nach De Slufter. Nach 4 km beginnt der Strandsee und der Strandweg macht einen Linksbogen. Nach 5 Min. nehmen Sie links den markierten Weg durch die Dünen, der aber nur im Zeitraum 1.9. bis 1.3. begangen werden darf. Der Weg endet beim Parkplatz zu Paal 28, wo Sie wieder links zum Strand gehen.

Alternativ nehmen Sie ab De Slufter denselben Weg am Strand wieder zurück, vorbei an einer Einkehrmöglichkeit:

Strandpaviljoen Paal 28, Krimweg 66, 02 22 31 65 37, www.paal28.nl, täglich 12:00 bis 21:00

Texelhopper-Haltestelle 118 am Parkplatz von Paal 28

Am Strand gehen Sie nach rechts nordwärts zum Ausgangspunkt zurück.

Der Weg schlängelt sich durch die Eierlandschen Dünen mit einem netten Aussichtspunkt mit Rastgelegenheit links (km 5,3, 20 m) auf den Leuchtturm zu. Schließlich erreichen Sie kurz vor dem Leuchtturm bzw. der Straße wieder den Pfad vom Beginn und folgen ihm bis zur Straße. Sie wandern weiter zur Küste, entweder 30 m rechts und dann links, 100 m vor dem Ferienpark Robbenjager, oder 100 m links auf der Straße, der Sie bis zur Küste folgen und dabei

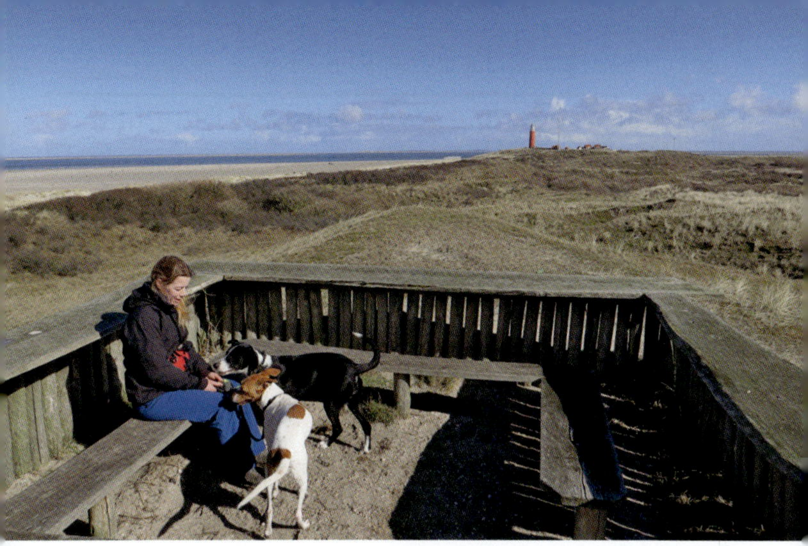

Aussichtsdüne in Eierlandschen Dünen mit Leuchtturm

rechte Abzweigungen nicht beachten. Am Ufer gehen Sie links, um im großen Bogen – den Leuchtturm immer links – zum Strandaufgang (Paal 30) am Startpunkt mit zwei ✕ Einkehrmöglichkeiten zurückzukehren:

✕ Torenrestaurant, Vuurtorenweg 189, ☏ 02 22 31 62 83, 💻 www.torenrestaurant.nl, ganzjährig täglich 9:30 bis 19:00, Restaurant mit schöner Sicht 100 m landeinwärts

♦ Strandpaviljoen Faro2, Vuurtorenweg 193, ☏ 02 22 31 60 40, 💻 www.faro2.nl, Januar bis Anfang November täglich ab 11:00, modernes Strandbistro am Strandaufgang mit Terrasse und tollem Seeblick

Abstecher zum/auf den Leuchtturm (➲ 2 x 250 m):

Vom Parkplatz lohnt sich ein kurzer Abstecher zum Leuchtturm, der bestiegen werden kann. 153 Stufen führen auf die 47 m hoch gelegene Aussichtsplattform. Der 1864 erbaute Turm wurde im Zweiten Weltkrieg durch Einschüsse schwer beschädigt, die im 4. Stock zwischen den alten und neuen Mauern zu sehen sind. Die zweimal in 10 Sekunden aufleuchtende Lampe des roten (früher grauen) Leuchtturms ist 50 km weit sichtbar.

♦ 💻 www.vuurtorentexel.nl, März bis Oktober täglich, sonst nur Mi, Sa und So 10:00 bis 17:00, Eintritt € 4, Hunde dürfen nicht hinauf.

⌘ Im Erdgeschoss gibt es eine Ausstellung über Seevögel.

㉕ Rundwanderung zwischen Den Burg und Hoge Berg (Hoher Berg)

Tour für Landschaftsgenießer, Geschichtsfans und Gipfelstürmer

Diese kurze Rundwanderung führt durch das Landesinnere Richtung Ostküste. Ausgangsort ist die Inselhauptstadt Den Burg, wo jeder Zweite der 14.000 Insulaner lebt. Sie erleben unterwegs die typischen Texeler Graswälle, den Georgierfriedhof, den Hafenort Oudeschild sowie Hoge Berg, die mit 15 m höchste Erhebung im Osten der Insel.

- Start/Ziel: Touristinfo Texel, Emmalaan 66 am Südwestrand von Den Burg, GPS N 53°02.979' E 004°47.671'
- 12 km
- 4 Std.
- 55 m/55 m
- -2 bis 13 m
- teilweise rot-gelbe Markierung
- Sitzbänke auf dem Hoge Berg bei km 9,2
- Einkehrgelegenheiten in Oudeschild (km 6,2) sowie bei Variante in Den Burg
- kleine Läden und Supermarkt bei Variante in Den Burg
- Die Runde ist für Kinder machbar, aber nicht kindgerecht spektakulär.
- Für Buggys geeignet, lediglich das kleine Stück am Hohen Berg ist etwas beschwerlich.
- Hunde können mit, sollten in den Orten und auf Straßen aber angeleint sein.
- Parkplatz bei der Touristinfo in Den Burg, GPS N 53°02.979' E 004°47.671', oder bei der Kreuzung Slingerweg/Emmalaan bei km 11,4, GPS N 53°02.950' E 004°48.318'
- Bushaltestelle vor der Touristinfo in Den Burg (Linie 28, stündlich) sowie Texelhopper-Haltestellen Redoute (68, bei km 3,3), in Oudeschild (74, 77) und beim Georgierfriedhof (66, bei km 9,8). Fahrkarten für den Texelhopper können Sie etwa bei der Touristinfo oder im Museum Kaap Skil in Oudeschild kaufen.

Die Wanderung beginnt bei der gut sortierten Touristinfo von Texel am Südwestrand von Den Burg. Auf der anderen (südöstlichen) Straßenseite nehmen Sie erst den kopfsteingepflasterten Weg rechts von einem Teich Richtung Sportgelände, um nach 50 m vor einem Gebäude dem schmalen Pfad nach rechts zu folgen.

Nach 150 m biegen Sie bei einer T-Kreuzung links (rot-gelbe Markierung für „Waddenwandelen“) auf den schmalen Pfad neben einer mit Grassoden rund 1 m hoch aufgeschichteten Mauer (*tuunwal*), wie sie häufig auf Texel zu finden sind. Bei der nächsten T-Kreuzung (km 0,8) halten Sie sich rechts und folgen der als Radweg deklarierten kleinen Straße zur Querstraße Leemkuil (km 1,1), wo Sie links abbiegen, um nach 150 m rechts den in südliche Richtung führenden Grasweg zu nehmen (rot-gelb), der an beiden Seiten von Graswällen flankiert wird. Bei der Kreuzung mit der Straße Zuidhaffel gehen Sie geradeaus auf der kleinen Straße Waterweg weiter.

↳ Abkürzung ohne Oudeschild (➲ insgesamt 4,5 statt 12 km):

Sie können die Wanderung erheblich abkürzen, indem Sie der kleinen Straße Zuidhaffel nach links folgen. Nach 5 Min. erreichen Sie den Georgierfriedhof und gehen dahinter links. Hier stoßen Sie wieder auf die unten beschriebene Route und folgen ihr ab km 9,8.

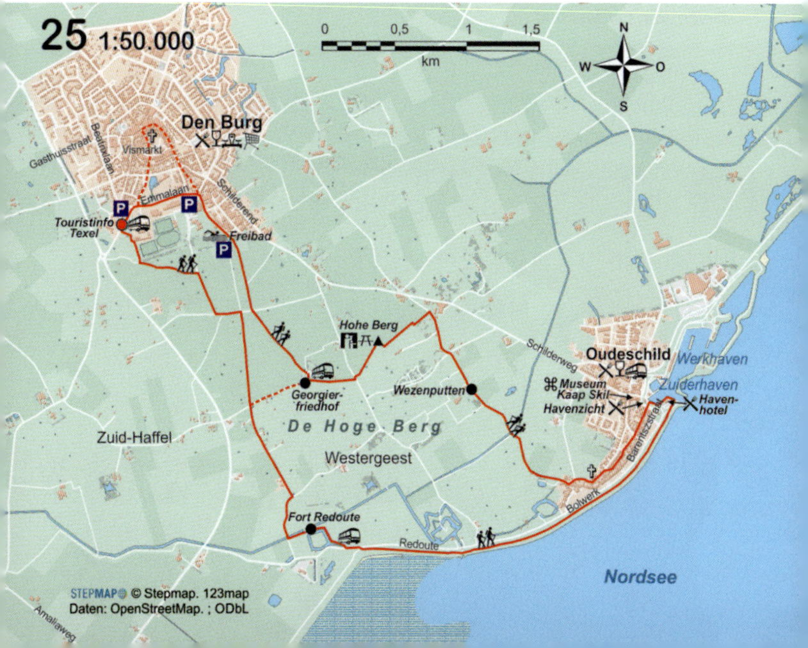

Nach knapp 10 Min. halten Sie sich bei der T-Kreuzung rechts. 300 m weiter nehmen Sie nach einer Brücke über einen Wassergraben den links abzweigenden Radweg, der links an einer alten Festungsanlage (Redoute) vorbeiführt und nach 500 m in eine Uferstraße mündet (km 3,3, Texelhopper-Haltestelle 65).

Napoleonische Festungen auf Texel

Die Redoute ist wie die 0,8 km weiter westlich liegende Hauptanlage De Schans Teil einer Texeler Festung: De Schans wurde im Jahr 1572 von Willem van Oranie zur Sicherung des Marsdieps, der Meerenge zwischen Texel und Festland, vor den Spaniern erbaut und ein Jahrhundert später erweitert, um den Hafen für die abfahrbereiten Schiffe der VOC (Verenigde Oost-Indische Compagnie) zu schützen. Unter Napoleon kamen die Nebenanlagen Redoute und (noch weiter westlich) Lunette hinzu (1810-13). Angeblich soll Napoleon persönlich seinerzeit die Bauarbeiten überwacht haben. Die Forts kamen nie zum Einsatz und die Nebenanlagen wurden als Erdlieferanten für den Deichbau zerstört.

Deich vor Oudeschild

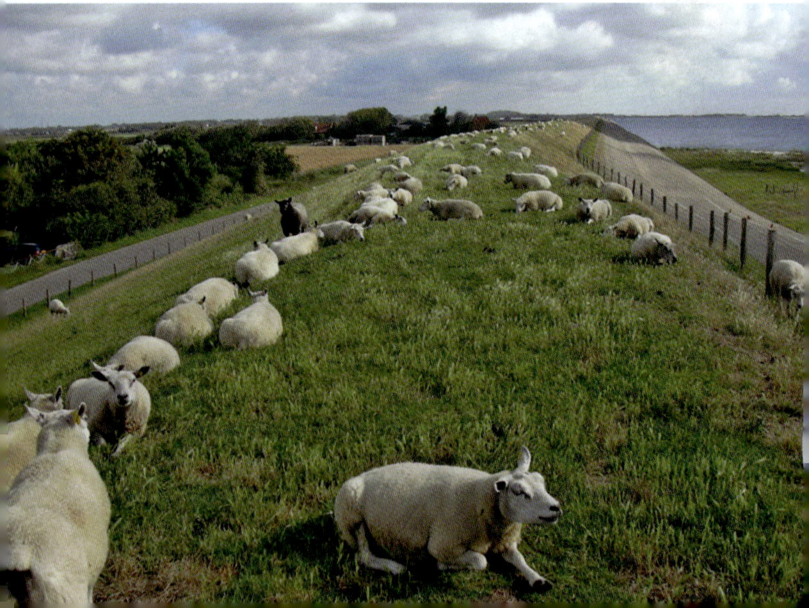

Hier folgen Sie dem Radweg auf der linken Seite noch 70 m, dann queren Sie die Straße rechts und laufen auf dem Radweg links über den 7,45 m hohen Deich hinüber und weiter auf der Seeseite ostwärts nach Oudeschild. Links hinter dem Deich heißt die Landschaft „Apotheek", weil früher kranke Schafe dorthin gebracht wurden, um sich auf den blumenreichen Wiesen zu stärken. Auf dem Außendeichweg erreichen Sie den Hafen von **Oudeschild** mit Einkehrgelegenheiten und dem sehenswerten Museum Kaap Skill (km 6,2):

Hafen von Oudeschild

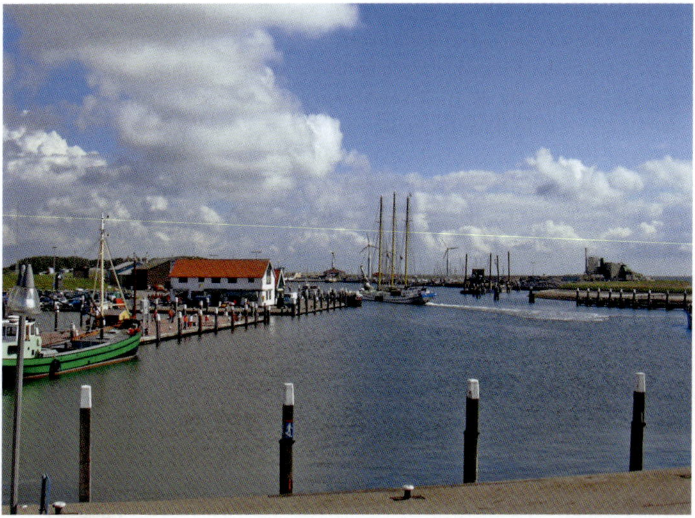

✕ Havenhotel, Haven 2, ☏ 02 22 32 10 80, 💻 www.havenhoteltexel.nl, ab April täglich 12:00 bis 20:00, am Anfang des Hafens, gepflegte Küche oder Kleinigkeiten am „Snackschalter",

♦ Hotel-Restaurant-Café Havenzicht, Haven 6, ☏ 02 22 31 26 02, 💻 www.havenzichttexel.nl, täglich außer Mi und So ab 10:30, am Hafen vor dem Museum, gute Küche mit vielen lokalen Produkten

⌘ Museum Kaap Skil, Heemskerckstraat 9, 💻 www.kaapskil.nl, Di bis Sa 10:00 bis 17:00, im Juli und August auch Mo und So 12:00 bis 17:00, Eintritt € 9. Das Museum mit der auffällig modernen Holzfassade von 2012 zeigt Ausstellungen über die

Inselgeschichte mit Funden vom Strand und mehreren Schiffswracks vor Texel, Fischerei, Seefahrt, Deichbau und das Mühlenwesen mit der noch funktionsfähigen Windmühle. Im Eintritt inbegriffen ist der Zutritt zur „Oudheidskamer" in Den Burg, eines der ältesten Häuser Texels.

Texelhopper-Haltestellen 77 Hafen und 74 Heemskerckstraat

Oudeschild war früher der einzige Hafen der Insel, vor dem oft über 100 Schiffe der VOC vor Anker lagen und auf guten Wind warteten.

Am Hafen steigen Sie links vor dem Restaurant Havenzicht die Treppe auf den Deich hinauf, um auf der anderen Seite der gepflasterten Straße (De Houtmanstraat) geradeaus landeinwärts zu folgen – bis zur Einmündung in die Trompstraat. Dort gehen Sie nach links, links an der Kirche vorbei bis zu einer T-Kreuzung am Ortsende mit der Straße Het Buurtje, wo Sie rechts in die Straße abbiegen (Sackgassenschild), vorbei an **P** Parkplätzen.

Hinter dem Ortsendeschild nehmen Sie den in der Linkskurve geradeaus abzweigenden Pfad (Skillepaadje) zwischen Bäumen (links) und dem Wassergraben Skillesloot (rechts). Diesem (später asphaltierten) Pfad folgen Sie geradeaus und ignorieren Abzweigungen.

Nach 1 km (km 8,1) liegen rechts die Wasserbrunnen **Wezenputten**. Diese wurden früher wegen ihres hohen Eisengehaltes und der damit verbundenen langen Haltbarkeit des Trinkwassers geschätzt, das auf dem Skillesloot in Fässern per Boot zur Bevorratung zu den vor Oudeschild liegenden Handelsschiffen gefahren wurde. Der Name „Waisenbrunnen" (*Wezenputten*) kommt daher, dass der Erlös für den Wasserverkauf an das Waisenhaus ging

Bei der Kreuzung mit einer Straße (Doolhof) gehen Sie geradeaus. Nach 300 m, 150 m vor der Hauptstraße, nehmen Sie den links auf den Hohen Berg hinaufführenden Pfad.

Nettes Panorama vom **Hohen Berg**, der höchsten Erhebung im Osten von Texel (km 9,2, ⇧ 15 m). Außerdem gibt es eine Sitzbank und – wie es sich für einen Aussichtspunkt gehört – eine tischartige Tafel, die anzeigt, wo was zu sehen ist.

Von der Eiszeit zum Insektenparadies

Der 15 m hohe **Hoge Berg** (Hohe Berg) entstand vor rund 150.000 Jahren als höchster Punkt einer eiszeitlichen Moräne. Ein Teil der Moräne wurde Mitte des 19. Jh. als Material für den Deichbau abgetragen. Das Ergebnis ist die als Tal erkennbare Sandgrube (*Zandkuil*), die als Naturschutzgebiet (einziges Insektenreservat des Landes) für Besucher gesperrt ist.

Sie verlassen den Hohen Berg auf der anderen (südwestlichen) Seite. Der Pfad erreicht nach 250 m eine Straße (Schansweg), wo Sie kurz links gehen, um dann nach rechts in die kleine Straße Zuidhaffel abzubiegen, der Sie zum **Georgierfriedhof** folgen (km 9,8, Texelhopper-Haltestelle 66 Begraafplaats Georgiers). Der Name geht auf den Zweiten Weltkrieg zurück, an dessen Ende auf Texel ein (quasi zwangsverpflichtetes) georgisches Soldatenkontingent innerhalb der deutschen Reichsmacht rebellierte – nach Wikipedia „Europas letztes Schlachtfeld“. Ein Teil der Opfer – 565 gefallene Georgier – wurde nach dem Krieg auf diesem Friedhof am Hohen Berg begraben.

Vor dem Friedhof nehmen Sie rechts den nordwärts abzweigenden Schotterweg (Texelpad Den Burg 2) und nach 30 m bei den Mülltonnen den Pfad links (rot-gelb), rechts am Friedhof vorbei. Bei der Kreuzung mit der Straße (Leemkuil) wandern Sie geradeaus weiter (rot-gelb, wattenwandelen).

Am Ortsrand von Den Burg erreichen Sie vor einer Autowerkstatt eine Straße (km 11) und gehen geradeaus (Slingerweg), rechts am Parkplatz und Freibad vorbei bis zur Kreuzung mit der Emmalaan hinter zwei rot-weißen Pfosten und einem P größeren Parkplatz zur Linken (km 11,4).

Abstecher ins Zentrum von Den Burg (➲ 0,8 km zusätzlich):

Bei der Kreuzung mit der Emmalaan folgen Sie geradeaus dem Radweg, weiter geradeaus der Einbahnstraße und kurz darauf der Fußgängerzone (Weverstraat) mit vielen Einkaufs- und Einkehrgelegenheiten. Dort biegen Sie hinter dem Eetcafé de Steenenplaats links in die Kogerstraat (ebenfalls Fußgängerzone), die Sie rechts an der um 1400 erbauten Kirche vorbei zum Vismarkt und Groenplaats führt, dem etwas schmucklosen Mittelpunkt von Den Burg, das seit 1415 Stadtrechte hat, aber schon sieben Jahrhunderte vorher als Friesenfestung bestand. Diesen Platz queren Sie und folgen danach südwärts – links an einem Optiker vorbei („eye wish“) – der Straße Elemert bis zur Umgehungsstraße Emmalaan, wo Sie noch 200 m nach rechts zur Touristinfo gehen.

Zurück zum Startpunkt geht es links in die Emmalaan, der Sie rund 8 Min. zur Touristinfo auf der rechten Seite folgen.

Buchtipps aus dem Conrad Stein Verlag

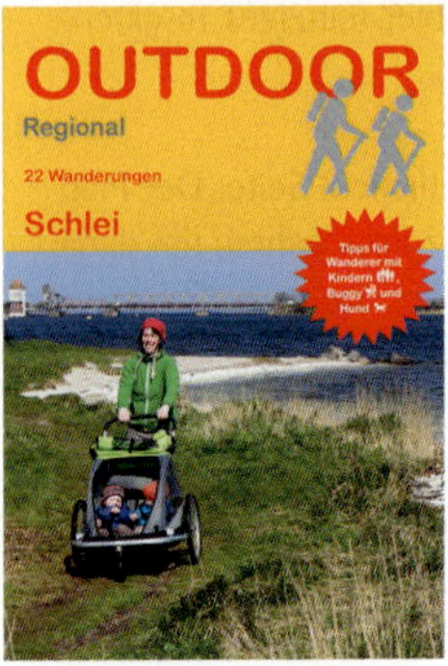

22 Wanderungen

Schlei

Michael Hennemann
OutdoorHandbuch Regional Band 355
160 Seiten ▸ 74 farbige Abbildungen
24 farbige Karten

ISBN 978-3-86686-455-9

>> **welikebooks.de:** *„Empfehlenswert, unbedingt! Nicht nur die Region, sondern auch dieser Wanderführer, der Nutzer an die schönsten Plätze führt!"*

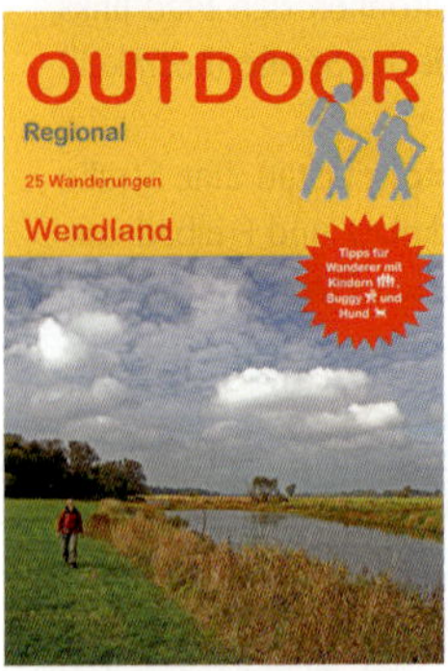

25 Wanderungen

Wendland

Hartmut Engel
OutdoorHandbuch Regional Band 357
157 Seiten ▸ 81 farbige Abbildungen
26 farbige Karten ▸ 9 farbige Höhenprofile

ISBN 978-3-86686-447-4

>> **Zero Wendland:** *„Hartmut Engels Wendland-Wanderführer (…) besticht in seiner konkreten und handfesten Einfachheit"*

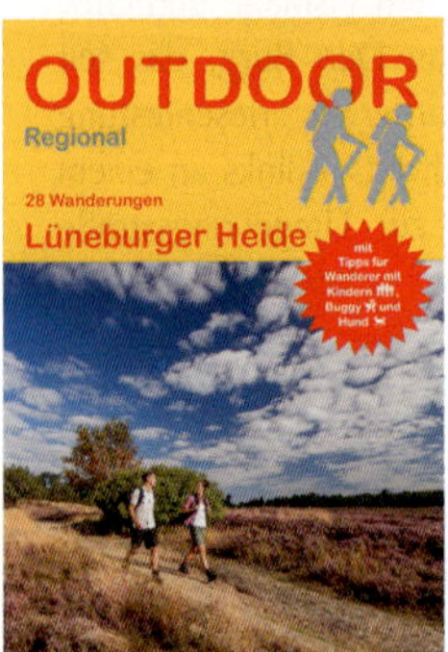

28 Wanderungen

Lüneburger Heide

Norbert Rother
OutdoorHandbuch Regional Band 339
160 Seiten ▸ 60 farbige Abbildungen
36 farbige Karten ▸ 15 farbige Höhenprofile

ISBN 978-3-86686-553-2

>> **Besprechungsdienst für öffentliche Bibliotheken:** *„mit Zusatzinformationen zu Wissenswertem entlang der Wege, reisepraktischen Hinweisen und Einkehrmöglichkeiten"*